満点ゲットシリーズ

続 ちびまる子ちゃんの慣用句教室

キャラクター原作／さくらももこ

著／川嶋 優
学習院名誉教授

もくじ

か

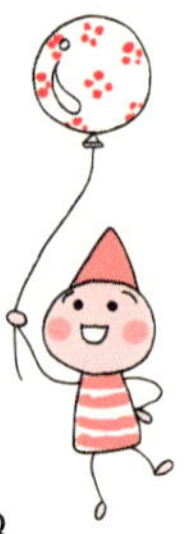

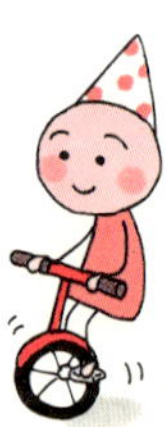

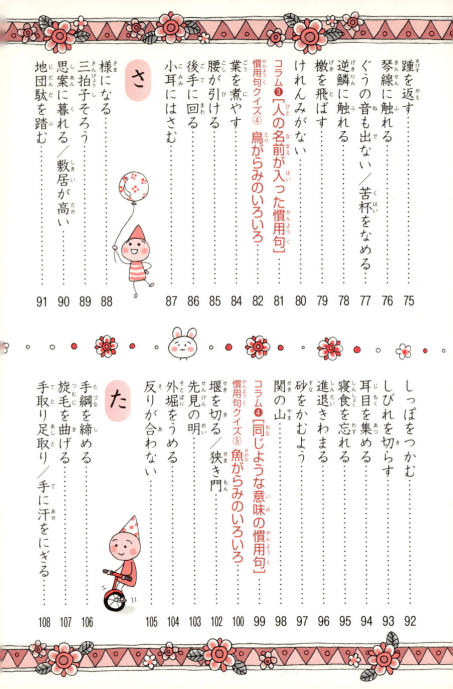

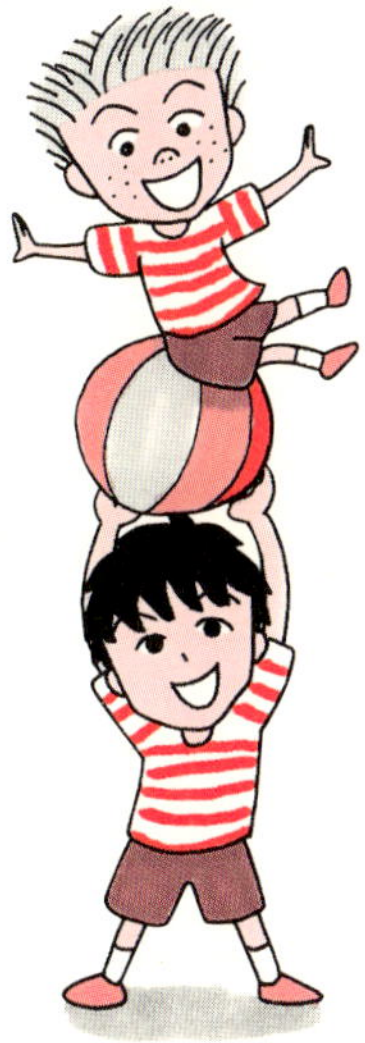

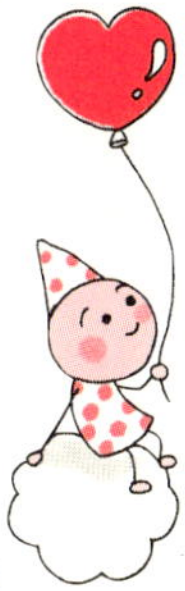

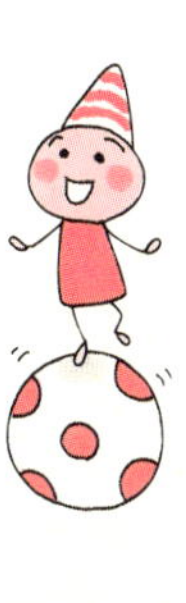

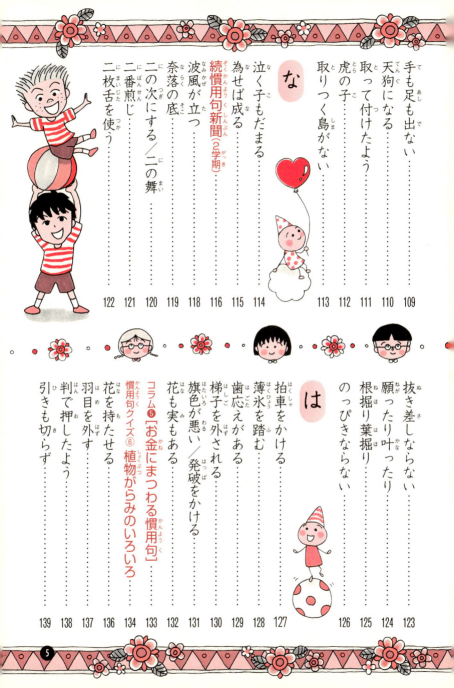

ま

ちびまる子《こ》ちゃんと
なかまたち
ヒデじい
花輪《はなわ》クンちのじいや。
花輪《はなわ》クン
お金持《かねも》ちのおぼっちゃま。
山田《やまだ》くん
明《あか》るい男子《だんし》。
はまじ
おもしろい男子《だんし》。
関口《せきぐち》くん
いたずらっ子《こ》でやんちゃ。
お母《かあ》さん
まる子《こ》の世話《せわ》を焼《や》く。
おばあちゃん
友蔵《ともぞう》の妻《つま》。
みぎわさん
花輪《はなわ》クンにお熱《ねつ》。
父《ちち》ヒロシ
のん気《き》者《もの》。
おじいちゃん
（友蔵《ともぞう》）
まる子《こ》の一番《いちばん》の味方《みかた》で仲良《なかよ》し。
たまちゃん
まる子《こ》の親友《しんゆう》。
お姉《ねえ》ちゃん
まる子《こ》に迷惑《めいわく》をかけられることが多《おお》い。
城ケ崎《じょうがさき》さん
美人《びじん》で勝《か》ち気《き》な女《おんな》の子《こ》。
ちびまる子《こ》ちゃん
おっちょこちょいでなまけ者《もの》。

藤木《ふじき》くん
ひきょう者《もの》と
いわれる。
山根《やまね》くん
胃腸《いちょう》が弱《よわ》い。
杉山《すぎやま》くん
さっぱりしている。
大野《おおの》くん
正義感《せいぎかん》が
強《つよ》い。
永沢《ながさわ》くん
暗《くら》い。
かよちゃん
杉山《すぎやま》くんを好《す》き。
長山《ながやま》くん
かしこくて
やさしい
男子《だんし》。
丸尾《まるお》くん
「ズバリ」が
口《くち》ぐせ。
冬田《ふゆた》さん
大野《おおの》くんを
好《す》き。
ケン太《た》
サッカーが好《す》き。
戸川先生《とがわせんせい》
クラスの担任《たんにん》。
やさしくて
人気者《にんきもの》。
野口《のぐち》さん
お笑《わら》い好《ず》きな
暗《くら》い少女《しょうじょ》。
みまつやの
おやじ
はまじの
お母《かあ》さん
佐々木《ささき》の
じいさん
三十年間《ねんかん》、
町《まち》の木《き》の
世話《せわ》を
している。
小杉《こすぎ》くん
食《く》いしん
ぼう。
とみ子《こ》
ブー太郎《たろう》の
妹《いもうと》。
ブー太郎《たろう》
「ブー」という
のが口《くち》ぐせ。

著者《ちょしゃ》からのメッセージ

さらに「慣用句大博士《かんようくだいはかせ》」に

わかっているようで、よくわかっていない…このようなことばによく出会《であ》います。

たとえば「目《め》と鼻《はな》の先《さき》」。「学校《がっこう》は、わたしの家《いえ》と目《め》と鼻《はな》の先《さき》」と使《つか》うように、すぐ近《ちか》くを表《あらわ》す慣用句《かんようく》ですが、なぜ「目《め》と鼻《はな》の先《さき》」なのでしょうか。この句《く》を、ふたつに分《わ》けてみましょう。「目《め》と鼻《はな》ーの先《さき》」、「目《め》とー鼻《はな》の先《さき》」。どっちでしょうか。

目《め》は遠《とお》くにある星《ほし》から、近《ちか》くにある身《み》の回《まわ》りの物《もの》まで、何《なん》でも見《み》ることができます。そして、いちばん近《ちか》くの見《み》える物《もの》といえば、自分《じぶん》の鼻《はな》の先《さき》です。自分《じぶん》の顔《かお》は見《み》えませんが、鼻《はな》の先《さき》はちらっと見《み》えます。

川嶋《かわしま》 優《ゆたか》先生《せんせい》 学習院名誉教授《がくしゅういんめいよきょうじゅ》

1932年《ねん》生《う》まれ。東京学芸大学卒業《とうきょうがくげいだいがくそつぎょう》。元学習院初等科《もとがくしゅういんしょとうか》長《ちょう》。著書《ちょしょ》に『例解小学《れいかいしょうがく》ことわざ辞典《じてん》』（三省堂《さんせいどう》）、『ちびまる子《こ》ちゃんの慣用句教室《かんようくきょうしつ》』『ちびまる子《こ》ちゃんの四字《よじ》熟語教室《じゅくごきょうしつ》』『ちびまる子《こ》ちゃんの読《よ》めるとたのしい難読《なんどく》漢字教室《かんじきょうしつ》』『ちびまる子《こ》ちゃんの漢字辞典《かんじじてん》3』（集英社《しゅうえいしゃ》）など。

そこで、この慣用句《かんようく》は「目《め》と鼻《はな》の先《さき》」で成《な》り立《た》っていることがわかります。だから、「すぐ近《ちか》く」を表《あらわ》しているのです。

　このことを前《まえ》の本《ほん》『慣用句教室《かんようくきょうしつ》』で簡単《かんたん》に紹介《しょうかい》したところ、「なるほど、そうだったのか」というおことばを、大人《おとな》の人《ひと》からもたくさんいただきました。そこで、みなさんに、さらにもっといろいろなことばを知《し》っていただこうと編集《へんしゅう》したのが、この『続慣《ぞくかん》用句教室《ようくきょうしつ》』です。

　解説《かいせつ》だけでなく、おもしろいまんががたくさん入《はい》っていて、とてもわかりやすい本《ほん》になっています。「なるほど、なるほど」と、楽《たの》しく読《よ》んでください。

　前《まえ》の本《ほん》で、「慣用句博士《かんようくはかせ》になってみよう」と、わたしは書《か》きましたが、この本《ほん》で、さらに「慣用句大《かんようくだい》博士《はかせ》」になるよう期待《きたい》しています。目標達成《もくひょうたっせい》は、もう「目《め》と鼻《はな》の先《さき》」です。

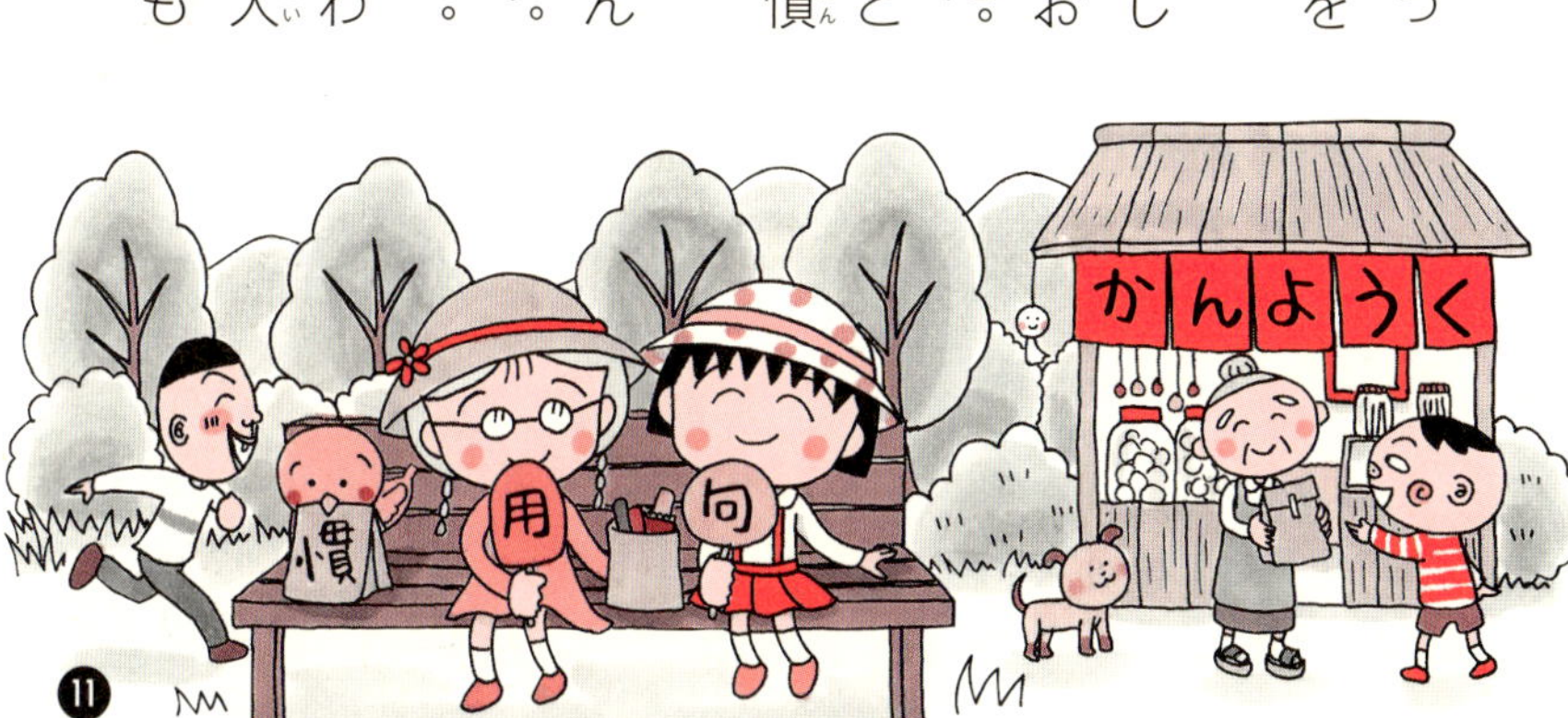

ちびまる子《こ》ちゃん

「慣用句《かんようく》って、なぁに?」の巻《まき》

土曜日《どようび》の
昼食後《ちゅうしょくご》
一家団《いっかだん》らんの
ひととき
ふう おなか いっぱい じゃ
早《はや》く 来《こ》ない かなぁ
そわ そわ
そんなに 首《くび》を長《なが》く して どう したの?
え? お姉《ねえ》ちゃんの 首《くび》が長《なが》くなった !?
なんだ いつもと 変《か》わり ない じゃん
まる子《こ》 あんた バカね
今《いま》か 今《いま》かと 待《ま》ち遠《どお》しく 思《おも》うようすを 「首《くび》を長《なが》くする」 というんだよ
へえ
「首《くび》を 長《なが》くする」 は慣用句《かんようく》よ
慣用句《かんようく》?
慣用句《かんようく》とは ふたつ以上《いじょう》の ことばの組《く》み合《あ》わせで 古《ふる》くから広《ひろ》く 使《つか》われている 言《い》い回《まわ》しじゃよ

たとえば むだ話《ばなし》をして 仕事《しごと》を なまける ことを 「油《あぶら》を売《う》る」
苦労《くろう》を おしまず 努力《どりょく》する ことを 「骨《ほね》を折《お》る」と いうんじゃ
仕事
努力
慣用句《かんようく》には いろいろな 動物《どうぶつ》も 入《はい》っているぞ
動物《どうぶつ》が入《はい》った慣用句《かんようく》
「猫《ねこ》の手《て》も借《か》りたい」とか?
重
「すずめの涙《なみだ》」も じゃな
はい おだちん
10
え…
まる子《こ》も知《し》ってるよ
ことわざや 四字熟語《よじじゅくご》も 慣用句《かんようく》に 入《はい》るんじゃよ
同《おな》じ意味《いみ》の ことわざ 「豚《ぶた》に真珠《しんじゅ》」 「猫《ねこ》に小判《こばん》」
同《おな》じ意味《いみ》の 四字熟語《よじじゅくご》 「一石二鳥《いっせきにちょう》」 「一挙両得《いっきょりょうとく》」
これらも 慣用句《かんようく》に なるんじゃよ

※猫《ねこ》の手《て》も借《か》りたい＝だれでもいいから手伝《てつだ》ってほしいこと。※すずめの涙《なみだ》＝ほんのわずかなこと。

※「豚《ぶた》に真珠《しんじゅ》」「猫《ねこ》に小判《こばん》」＝豚《ぶた》は真珠《しんじゅ》の、猫《ねこ》は小判《こばん》の値打《ねう》ちがわからないこと。

※「一石二鳥《いっせきにちょう》」「一挙両得《いっきょりょうとく》」＝ひとつの動作《どうさ》で、ふたつの得《とく》をすること。

食《た》べ物《もの》の入《はい》った慣用句《かんようく》もあるぞ
幸
思《おも》いがけない幸運《こううん》に恵《めぐ》まれる「棚《たな》からぼたもち」
なるほど
いいかげんなことをいったりしたりしてその場《ば》をごまかす「お茶《ちゃ》をにごす」
オレの好《す》きなのは見《み》かけより実際《じっさい》に役《やく》に立《た》つ「花《はな》よりだんご」だな
あとからおされて自然《しぜん》に前《まえ》に進《すす》む「ところてん式《しき》」というのもあるね
そして人《ひと》の名前《なまえ》が入《はい》った慣用句《かんようく》もあるわ
向《む》こうずねを「弁慶《べんけい》の泣《な》き所《どころ》」というのは強《つよ》い人《ひと》の弱点《じゃくてん》の意味《いみ》もあるのよ
知《し》っているのに知《し》らないふりをすることは「知《し》らぬ顔《かお》の半兵衛《はんべえ》」じゃ
知《し》らぬ顔《かお》

慣用句《かんようく》って おもしろい ことばが たくさん あるね!!
郵便《ゆうびん》でーす
あ 来《き》た!!
お姉《ねえ》ちゃん 聞《き》き耳《みみ》を立《た》てて どうしたのさ?
文通相手《ぶんつうあいて》からの 手紙《てがみ》よ
なるほどねー だから 首《くび》を長《なが》くして 待《ま》って いたんだ
まる子《こ》 取《と》って来《き》て くれる?
おっと 合点《がってん》 承知《しょうち》の助《すけ》!!
まる子《こ》や… それも 慣用句《かんようく》じゃ…
知《し》らぬ間《ま》に 慣用句《かんようく》の世界《せかい》に ひきこまれていく まる子《こ》であった——

開《あ》いた口《くち》がふさがらない

意味《いみ》 相手《あいて》のことばや態度《たいど》があまりにもひどいので、あきれ返《かえ》ってものがいえなくなる。

解説《かいせつ》 あきれて、口《くち》をぽかんと開《あ》けたまま、何《なに》をどういってよいのかわからなくなっているようすを表《あらわ》していることばです。

使い方《つかいかた》 「テストの結果《けっか》はいつも十五点《てん》なのに、おこづかいを値上《ねあ》げしてほしいとは、まったく開《あ》いた口《くち》がふさがらないわねえ」と、まる子《こ》のお母《かあ》さんは今日《きょう》もなげいている。

まる子《こ》ーーー
部屋《へや》をかたづけなさーーい
まる子《こ》ーー
行儀《ぎょうぎ》が悪《わる》いっ
まる子《こ》ーー
まる子《こ》ーー
いつもいつも同《おな》じことでおこられて
自分《じぶん》でちゃんと注意《ちゅうい》して行動《こうどう》しなさい!!
まる子《こ》が気《き》をつけるよりお母《かあ》さんがおこるのやめたほうが早《はや》いよ
………
開《あ》いた口《くち》がふさがらないお母《かあ》さんであった——

開《あ》いた口《くち》へぼたもち

口《くち》を開《あ》けていると、よいことも起《お》こります。「**開《あ》いた口《くち》へぼたもち**」です。なんの努力《どりょく》もしないのに、思《おも》いがけない幸運《こううん》がとびこんでくることばです。「**棚《たな》からぼたもち**」ともいいます。

あ～ん
ぼたもち

合《あ》いの手《て》を入《い》れる

あ それ それ

意味《いみ》

話《はなし》などの切《き》れ目《め》に、相手《あいて》を調子《ちょうし》づけるようにすばやく短《みじか》いかけ声《ごえ》をはさむこと。

解説《かいせつ》

「合《あ》いの手《て》」とは、もともと民《みん》謡《よう》などの歌《うた》や踊《おど》りの間《あいだ》に、「ああ、それそれ！」などと入《い》れるかけ声《ごえ》や手拍子《てびょうし》のことです。

また日本古来《にほんこらい》の音楽《おんがく》（邦楽《ほうがく》）で、歌《うた》と歌《うた》の間《あいだ》に楽器《がっき》の演奏《えんそう》を入《い》れる部分《ぶぶん》を「間《あい》の手《て》」といいます。そのため、「合《あ》いの手《て》を入《い》れる」は「間《あい》の手《て》を入《い》れる」とも書《か》きます。「手《て》」は、ここでは調子《ちょうし》・技《わざ》の意《い》味《み》です。

使《つか》い方《かた》

「それでどうしたの？」「それから？　それから？」と、彼《かれ》は立《た》て続《つづ》けに合《あ》いの手《て》を入《い》れて、相手《あいて》から話《はなし》をどんどん聞《き》き出《だ》してしまうのがうまい。

それから それから

きのうの帰《かえ》り 道《みち》ばたに アメが 落《お》ちててさ
へえ それで それで
少《すこ》し 歩《ある》いたら またひとつ アメが 落《お》ちてて
それから それから
ほなみって 合《あ》いの手《て》を 入《い》れるのが うまいな
ほんと ほんと
捨《す》てる つもりで にぎって いたら アメが とけ だしてさー
あらあら
さくら の話《はなし》って くだらないな
うん うん
合《あ》いの手上手《てじょうず》な たまえと藤木《ふじき》であった――

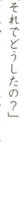

阿吽《あうん》の呼吸《こきゅう》

あ
うん

意味《いみ》

ふたりでひとつの物事《ものごと》をするとき、お互《たが》いの気持《きも》ちがぴったり合《あ》うこと。

解説《かいせつ》

「阿《あ》」は吐《は》く息《いき》、「吽《うん》」は吸《す》う息《いき》で、「阿吽《あうん》」は両方《りょうほう》の呼吸《こきゅう》がみごとに合《あ》っていることを表《あらわ》します。

「あうん」というと、なんとなくなじみが薄《うす》いように聞《き》こえますが、これは古代《こだい》インドのことば(梵語《ぼんご》)がもとになっているからです。

使《つか》い方《かた》

夏休《なつやす》みの共同作品《きょうどうさくひん》を、まる子《こ》とたまちゃんは阿吽《あうん》の呼吸《こきゅう》で、あっという間《ま》に仕上《しあ》げてしまった。

いくよ たまちゃん
うん せーの
イチ ニッ イチ ニッ イチ ニッ
おっと さくら ほなみ ペア速《はや》りです
阿吽《あうん》の呼吸《こきゅう》で 1等《とう》——っ!!
ワー
ワー
やった〜

阿吽《あうん》

お寺《てら》の山門《さんもん》の左右《さゆう》にある仁王《におう》さまや神社《じんじゃ》の境内《けいだい》にある一対《いっつい》の狛犬《こまいぬ》は、「**阿吽**《あうん》」を表《あらわ》しています。口《くち》を開《あ》けているほうが「**阿**《あ》」で、閉《と》じているほうが「**吽**《うん》」です。それぞれ「**阿形**《あぎょう》」「**吽形**《うんぎょう》」といいます。

今度《こんど》、お寺《てら》や神社《じんじゃ》で仁王《におう》さまや狛犬《こまいぬ》を見《み》つけたら、口《くち》の形《かたち》をよく見《み》てみましょう。

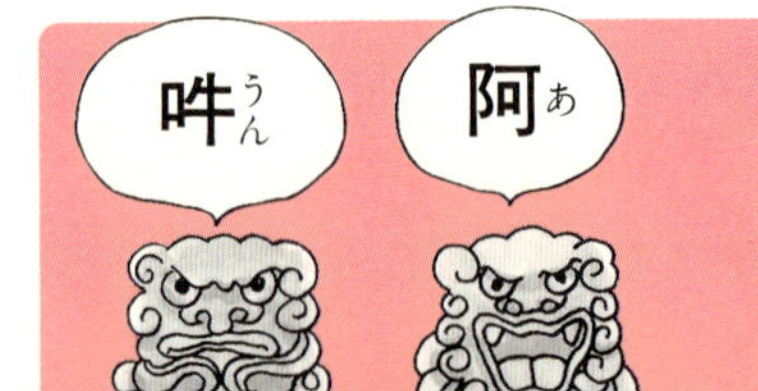
吽《うん》
阿《あ》

青筋《あおすじ》を立《た》てる

意味《いみ》

かんかんになっておこる。けわしい表情《ひょうじょう》になる。

解説《かいせつ》

おこると、額《ひたい》に静脈《じょうみゃく》の太《ふと》い青筋《あおすじ》がくっきりと浮《う》き上《あ》がることから、かんしゃくを起《お》こすようすを表《あらわ》していることばです。もし、相手《あいて》が青筋《あおすじ》を立《た》てるようになったら、こちらはさっさと逃《に》げる準備《じゅんび》をしたほうがよさそうです。

使《つか》い方《かた》

あのおじいさんは、ちょっとしたことで、すぐ青筋《あおすじ》を立《た》てておこる。少《すこ》しは、まる子《こ》のおじいさんを見習《みなら》ったほうがいいと思《おも》うよ。

こめかみ

額《ひたい》に青筋《あおすじ》を立《た》てるといっても額《ひたい》は広《ひろ》く、どのあたりなのでしょうか。耳《みみ》の近《ちか》くのこめかみの部分《ぶぶん》です。「**こめかみ**」？ ご飯《はん》（米《こめ》）をかむと、そこがぴくぴくと動《うご》くので「こめかみ」といいます。おもしろいことばですね。

こめかみ

まる〜子〜
ごめんなさい
そんなに青筋《あおすじ》を立《た》ててておこることはないだろ
…
お父《とう》さんのつりざおふりまわして折《お》っちゃったのよ
ひっ
青筋《あおすじ》を立《た》てるお父《とう》さんであった

灰汁《あく》が強《つよ》い

意味《いみ》 自分本位《じぶんほんい》の考《かんが》えで主張《しゅちょう》したり、人《ひと》との接《せっ》し方《かた》がしつこかったりして、相手《あいて》にいやな印象《いんしょう》をあたえる。

解説《かいせつ》 「灰汁《あく》」は野草《やそう》などに含《ふく》まれる、渋《しぶ》みなどのもとになる成分《せいぶん》のこと。これが強《つよ》すぎると、料理《りょうり》がまずくなります。人《ひと》の場合《ばあい》も、灰汁《あく》が強《つよ》い性格《せいかく》だと、相手《あいて》は抵抗《ていこう》を感《かん》じてしまいます。

使《つか》い方《かた》 あの人《ひと》は才能《さいのう》に恵《めぐ》まれているようだけれど、どうも灰汁《あく》が強《つよ》くてつき合《あ》いにくい。もっとさっぱりしたほうがいいのになあ。

灰汁《あく》が抜《ぬ》ける

灰汁《あく》が抜《ぬ》けると、料理《りょうり》がおいしくなります。そして、人《ひと》の場合《ばあい》もいやみが取《と》れると、「**灰汁《あく》が抜《ぬ》ける**」と表《あらわ》されます。「**角《かど》が取《と》れる**」ともいいます。おだやかな性格《せいかく》になるのです。

灰汁

煮物《にもの》に浮《う》いてるにごった泡《あわ》みたいなのは何《なに》?
野菜《やさい》から出《で》た灰汁《あく》よ 灰汁《あく》を取《と》らないと煮物《にもの》もおいしくないのよ
自分《じぶん》の考《かんが》えを押《お》しつけたりしつこい人《ひと》のことを灰汁《あく》が強《つよ》いっていうのよ
へえー
缶《かん》けりしよーぜー
わーい やろー やろー
やだね
ボクは「だるまさんがころんだ」がやりたいんだ だから缶《かん》けりはごめんだね
……
灰汁《あく》が強《つよ》い男子《だんし》永沢《ながさわ》である——

挙《あ》げ句《く》の果《は》て

挙げ句の果てって
どこだブー?

意味《いみ》 結局《けっきょく》は。最後《さいご》には。

解説《かいせつ》 「連歌《れんが》」という詩歌《しいか》があります。初《はじ》めの五《ご》・七《しち》・五《ご》に続《つづ》いて、別《べつ》の人《ひと》が次《つぎ》の七《しち》・七《しち》を詠《よ》む形式《けいしき》です。最後《さいご》の「七《しち》・七《しち》」を挙《あ》げ句《く》といい、そこから、結果《けっか》はどうなったのかという「挙《あ》げ句《く》の果《は》て」という慣《かん》用句《ようく》が生《う》まれました。なお、「揚《あ》げ句《く》の果《は》て」という書《か》き表《あらわ》し方《かた》もあります。

使《つか》い方《かた》 最初《さいしょ》は真剣《しんけん》に議論《ぎろん》をしていたのに、挙《あ》げ句《く》の果《は》てにはおこり出《だ》してけんかになってしまった。

発句《ほっく》と挙《あ》げ句《く》

『子《こ》をさがす(五《ご》)
親鹿《おやじか》の声《こえ》(七《しち》)
あわれなり(五《ご》)
木々《きぎ》にこだます(七《しち》)
秋《あき》の夕暮《ゆうぐ》れ(七《しち》)』

この詩歌《しいか》の、終《お》わりの七《しち》・七《しち》が「**挙《あ》げ句《く》**」です。初《はじ》めの「五《ご》・七《しち》・五《ご》」を「**発句《ほっく》**」といい、この発句《ほっく》から俳句《はいく》が生《う》まれました。

お父《とう》さんがよっぱらって帰《かえ》ってきてさ…
うんうん
挙《あ》げ句《く》の果《は》てに玄関《げんかん》の前《まえ》で寝《ね》てたらしくて
え〜〜
挙《あ》げ句《く》の果《は》てにお母《かあ》さんにおこられてさ
そうだよね
挙《あ》げ句《く》の果《は》てに風邪《かぜ》をひいたらしくてさー
ふーん
挙げ句の果てに…
「挙《あ》げ句《く》の果《は》て」の使《つか》いすぎである——

胡座《あぐら》をかく

意味《いみ》 その状態《じょうたい》に満足《まんぞく》して、努力《どりょく》をしないで、のん気《き》にかまえている。

解説《かいせつ》 「胡座《あぐら》」は両足《りょうあし》を組《く》んだ楽《らく》な座《すわ》り方《かた》で、のんびりとかまえている姿《すがた》が「胡座《あぐら》をかく」です。「かく」は、外《そと》にようすを見《み》せているという意味《いみ》です。「胡坐《あぐら》をかく」「安坐《あぐら》をかく」とも書《か》きます。

使い方《つかかた》 いつまでも、人気《にんき》に胡座《あぐら》をかいていてはいけない。これからも努力《どりょく》を続《つづ》けることが大事《だいじ》だ。

近《ちか》ごろ きみは ひきょうな性格《せいかく》に 胡座《あぐら》をかいては いないかい？
そんなことないよ
永沢《ながさわ》くんは 文字通《もじどお》り 胡座《あぐら》を かいて いるんだね
それが？

足並《あしな》みがそろう

意味《いみ》 いっしょに何《なに》かをしようとする人《ひと》たちの気持《きも》ちが、ひとつにまとまる。大勢《おおぜい》でまとまって行動《こうどう》する。

解説《かいせつ》 「足並《あしな》み」は、ふたり以上《いじょう》の人々《ひとびと》の足《あし》のそろいぐあいです。歩調《ほちょう》です。そして、ひとりひとりが心《こころ》がけるのは「足並《あしな》みをそろえる」です。

使い方《つかかた》 今度《こんど》の計画《けいかく》は、クラス全員《ぜんいん》の足並《あしな》みがそろわないと成功《せいこう》しない。みんなの協力《きょうりょく》を望《のぞ》みます。

足並《あしな》みが そろわないと 勝《か》てないわよ いいわね まる子《こ》
うん!!
おこづかい 上《あ》げて ください!!
え…
足並《あしな》みをそろえて こづかいアップをねだる ふたりであった——

足下《あしもと》に火《ひ》がつく

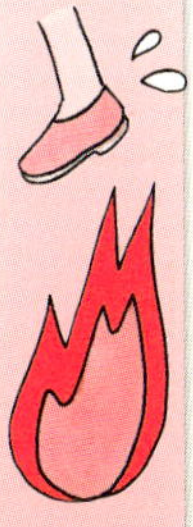

意味《いみ》 危険《きけん》が自分《じぶん》のそばまでせまってきて、落《お》ち着《つ》いていられない。

解説《かいせつ》 火《ひ》が自分《じぶん》の足下《あしもと》にまでせまってきたということで、危険《きけん》が身《み》にせまっているようすを表《あらわ》します。似《に》た意味《いみ》で、「足下《あしもと》から火《ひ》がつく」という言《い》い方《かた》もあります。なお、「足下《あしもと》」は「足元《あしもと》・足許《あしもと》」とも書《か》きます。

使《つか》い方《かた》 楽勝《らくしょう》と思《おも》われた試合《しあい》だが、最終《さいしゅう》回《かい》に反撃《はんげき》にあい、同点《どうてん》に追《お》いつかれてしまった。応援団《おうえんだん》は足下《あしもと》に火《ひ》がついたようにざわめき出《だ》した。

足下《あしもと》を見《み》る

「**足下《あしもと》**」のつく慣用句《かんようく》には、相《あい》手《て》の弱点《じゃくてん》を見《み》つけてつけこむ意《い》味《み》の「**足下《あしもと》を見《み》る**」というのもあります。昔《むかし》、かご屋《や》が旅人《たびびと》の足《あし》のつかれぐあいを見《み》て料金《りょうきん》を高《たか》く取《と》ろうとすることからできたことばです。

おじいちゃん こわいよ〜〜
そうじゃな
ハラハラ
ドシドシドシ
ドキドキ ドキ
危険《きけん》が せまって いる… 足下《あしもと》に 火《ひ》がつく 思《おも》いじゃ
うん
ガラ
ひっ
まる子《こ》!! 見《み》つけたわよっ なんで おじいちゃんまで
どこに かくれようと お母《かあ》さんは お見通《みとお》しである

汗水《あせみず》たらす

意味《いみ》 苦労《くろう》をいやがらず、いっしょうけんめいに働《はたら》く。

解説《かいせつ》 「汗《あせ》」にはいろいろな汗《あせ》がありますが、ここの「汗《あせ》」は働《はたら》いて出《だ》すりっぱな汗《あせ》です。汗《あせ》を水《みず》のように流《なが》すことから、「汗水《あせみず》」ということばができました。そこで、「汗《あせ》水流《みずなが》す」という言《い》い方《かた》もあります。そして、努力《どりょく》の結果《けっか》できあがったのが「汗《あせ》の結晶《けっしょう》」です。

使《つか》い方《かた》 わたしたちが安心《あんしん》して生活《せいかつ》できるのも、汗水《あせみず》たらして働《はたら》いているお父《とう》さん、お母《かあ》さんのおかげだ。

もう おなか いっぱい
ダメだぞ まる子《こ》 米《こめ》は食《た》べろ
もう 食《た》べられ ないよ〜
米《こめ》はな 農家《のうか》の 人《ひと》が汗水《あせみず》たらして 育《そだ》てたものなんだ
だから 残《のこ》さず 食《た》べなきゃ ダメだ…
どうした まる子《こ》？
………
汗水《あせみず》たらして 作《つく》ってくれた 農家《のうか》の人《ひと》に あやまりに 行《い》きます
え？
そこまでして…と 思《おも》うヒロシであった

冷《ひ》や汗《あせ》

汗《あせ》は汗《あせ》でも、こわくなったり、びっくりしたりしたときにかく汗《あせ》は「**冷《ひ》や汗《あせ》**」です。体中《からだじゅう》が冷《ひ》えきってしまったようなようすが「**冷《ひ》や汗《あせ》をかく**」です。この汗《あせ》はあまりかきたくありませんね。

あわわわ

頭《あたま》が固《かた》い

意味《いみ》 考《かんが》えが固《かた》まっていて、その場《ば》その場《ば》にふさわしい、自由《じゆう》な考《かんが》え方《かた》ができない。

解説《かいせつ》 「固《かた》い」は形《かたち》を変《か》えられないことで、頭《あたま》の場合《ばあい》だと「がんこ」の意《い》味《み》になります。反対《はんたい》は「頭《あたま》がやわらかい」で、こちらは形《かたち》を変《か》えられるので、「融通《ゆうずう》がきく」という意味《いみ》で使《つか》われます。

使《つか》い方《かた》 年《とし》をとると、頭《あたま》が固《かた》くなるそうだ。若《わか》い人《ひと》の意見《いけん》をたくさん聞《き》いて、やわらかい頭《あたま》を持《も》った、話《はなし》のわかるおじいさんになろう。

頭《あたま》が古《ふる》い

「**頭《あたま》が固《かた》い**」と「**頭《あたま》が古《ふる》い**」は、少《すこ》しちがいます。「固《かた》い」のほうは考《かんが》えを曲《ま》げようとしないことで、「古《ふる》い」のほうは昔《むかし》の考《かんが》え方《かた》のため、新《あたら》しいことについていけないのです。

やわらかい頭《あたま》で、新《あたら》しいことも取《と》り入《い》れてみましょう。

古

今夜《こんや》はシチューにしようかと思《おも》うの
わーい わーい
やだね オレは焼《や》き魚《ざかな》だ
そんなこといわれても材料《ざいりょう》買《か》っちゃったし
オレは魚《さかな》がいい!!
お父《とう》さんは頭《あたま》が固《かた》いねぇ
そして…
にぼし
魚《さかな》は魚《さかな》である
……

頭《あたま》が切《き》れる

意味《いみ》 頭《あたま》の働《はたら》きが速《はや》く、的確《てきかく》な判断《はんだん》を下《くだ》すことができる。

解説《かいせつ》 この「切《き》れる」は、すぐれた刃《は》物《もの》のように「鋭《するど》い」という意味《いみ》を表《あらわ》しています。すぐれた頭《あたま》です。反対《はんたい》によく切《き》れないと、「頭《あたま》がにぶい」となります。働《はたら》きがよくないのです。

使《つか》い方《かた》 「山田《やまだ》くん、うちのクラスで一番《いちばん》頭《あたま》が切《き》れるのは、だれだと思《おも》う?」と、ブー太郎《たろう》が山田《やまだ》にたずねた。「ウーン。ぼくときみじゃないことだけは、たしかだね」

目《め》から鼻《はな》へ…

頭《あたま》の働《はたら》きが鋭《するど》いことを表《あらわ》す慣用句《かんようく》には「**目《め》から鼻《はな》へ抜《ぬ》ける**」というのもあります。目《め》から入《はい》ってすぐ下《した》の鼻《はな》へ抜《ぬ》けるということで、ほんの短《みじか》い間《あいだ》に答《こた》えを出《だ》してしまうのです。うらやましい頭《あたま》ですね。

うちのクラスで頭《あたま》が切《き》れるといえば長山《ながやま》くんだよね
うんうん
丸尾《まるお》くんも頭《あたま》が切《き》れるよね
そうだね
はまじは頭《あたま》が切《き》れるといえないし
ブー太郎《たろう》もね
山田《やまだ》は…
山田《やまだ》は頭《あたま》が切《き》れるとか切《き》れないとかそういう次元《じげん》にいないよね……

頭《あたま》が下《さ》がる

意味《いみ》 敬《うやま》う気持《きも》ちになる。感心《かんしん》させられる。

解説《かいせつ》 「りっぱだなあ」と心《こころ》から尊敬《そんけい》して、自然《しぜん》に頭《あたま》が下《さ》がるようすを表《あらわ》していることばです。「頭《あたま》を下《さ》げる」とは少《すこ》しちがいます。「頭《あたま》を下《さ》げる」は、あいさつのほかに、たのみごとやおわび・降参《こうさん》を表《あらわ》すことばだからです。

使《つか》い方《かた》 幼《おさな》い弟《おとうと》や妹《いもうと》のめんどうをみながら、いっしょうけんめいに勉強《べんきょう》している彼《かれ》には、頭《あたま》が下《さ》がる。

毎日《まいにち》こつこつと
町《まち》の植物《しょくぶつ》の
世話《せわ》をして
佐々木《ささき》の
じいさんには
頭《あたま》が下《さ》がる思《おも》いじゃ

えっ？
こう？
いや…
そういう
ことでは…
頭《あたま》を下《さ》げるのではなく
頭《あたま》が下《さ》がるのである——

頭《あたま》を冷《ひ》やす

意味《いみ》 興奮《こうふん》している気持《きも》ちを落《お》ち着《つ》かせる。

カキーン

解説《かいせつ》 かっかと血《ち》が上《のぼ》って熱《あつ》くなっている頭《あたま》を冷《ひ》やすということで、興奮《こうふん》を静《しず》める意味《いみ》です。一方《いっぽう》、真《ま》っ赤《か》になってかんかんにおこっている状態《じょうたい》は「頭《あたま》に湯気《ゆげ》を立《た》てる」です。こうなったら、冷《ひ》やすのがたいへんです。

使《つか》い方《かた》 なんの言《い》い争《あらそ》いをしているんだ。ふたりとも頭《あたま》を冷《ひ》やしてから、先生《せんせい》に説明《せつめい》してごらん。

ギャー
ギャー
ギャー
ギャー
ギャー
ふたりとも
やめなさい!!
少《すこ》し頭《あたま》を
冷《ひ》やしなさい!!

コラ!!
ほんとうに
頭《あたま》を冷《ひ》やす
のではない

当《あ》てが外《はず》れる

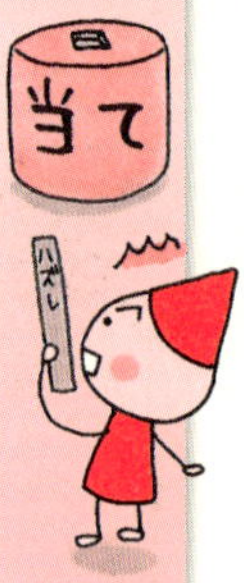
当て
ハズレ

意味《いみ》

予想《よそう》していたこと、期待《きたい》していたこととちがう結果《けっか》になる。

解説《かいせつ》

「当《あ》て」は、たぶんこうなるだろう、こうなってほしいなと、前《まえ》もって考《かんが》えておいた、自分《じぶん》にとって都合《つごう》のよい見《み》こみです。また、頼《たよ》りにするときも「当《あ》てにする」と使《つか》います。それが外《はず》れるのだからがっかりですね。

使《つか》い方《かた》

今年《ことし》のお正月《しょうがつ》は、お客《きゃく》さんが少《すく》ない。どうしてだろう。結局《けっきょく》お年《とし》玉《だま》も少《すく》なくて、当《あ》てが外《はず》れた新年《しんねん》になってしまった。

向《む》こうから外《はず》れる

期待《きたい》が大《おお》きすぎると、当《あ》てが外《はず》れることがよくあります。こうなることを「**当《あ》てごとは、向《む》こうから外《はず》れる**」といいます。世《よ》の中《なか》はきびしく、なかなか自《じ》分《ぶん》の都合《つごう》のよいようにはいかないのです。

当て

まるちゃん 今日《きょう》 あの まんがの 発売日《はつばいび》だね
あっ 忘《わす》れてた
…10円《えん》しか 残《のこ》ってない…
お姉《ねえ》ちゃん
ダメよ
お姉《ねえ》ちゃんの 当《あ》てが外《はず》れ――
お母《かあ》さ〜ん
こづかい 前借《まえが》りは お断《ことわ》りよ
お母《かあ》さんの 当《あ》てが外《はず》れ――
おじいちゃ〜ん
ガラ
留《る》守《す》
頼《たの》みの綱《つな》の おじいちゃんの 当《あ》ても外《はず》れる まる子《こ》であった――

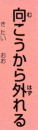

油《あぶら》をしぼる

意味《いみ》 人《ひと》の悪《わる》いところや失敗《しっぱい》などをひどくしかる。きびしくこらしめる。

解説《かいせつ》 大豆《だいず》や菜種《なたね》から、油《あぶら》をしぼりとるようすからできたことばです。昔《むかし》は、「搾《し》め木《ぎ》」という道具《どうぐ》にかけて油《あぶら》をしぼりました。そして、きつくしぼればしぼるほど油《あぶら》がとれるので、徹底的《てっていてき》にきびしく責《せ》めたり、しかったりする意味《いみ》に使《つか》われるようになりました。

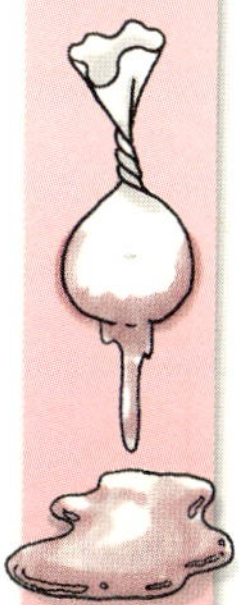

使《つか》い方《かた》 宿題《しゅくだい》のプリントを教室《きょうしつ》に忘《わす》れてきてしまい、お母《かあ》さんにこっぴどく油《あぶら》をしぼられてしまった。

頭《あたま》をしぼる

「**しぼる**」には、「**頭《あたま》をしぼる**」もあります。何《なに》かよい方法《ほうほう》はないかと、いっしょうけんめいに頭《あたま》から、よい考《かんが》えをしぼり出《だ》そうとしているようすです。「**知《ち》恵《え》をしぼる**」という言《い》い方《かた》もあります。

うーん
うーん

ま〜る〜こ〜〜〜
今日《きょう》という今日《きょう》はゆるしませんっ!!
たっぷり油《あぶら》をしぼるからね〜〜〜!!
ま
ギャ〜〜〜
ガバ
ゆ…夢《ゆめ》か…
そして
結果《けっか》寝坊《ねぼう》をして油《あぶら》をしぼられるまる子《こ》であった——
バタバタ

慣用句《かんようく》クイズ①

おもしろことばいろいろ

？の中《なか》に入《はい》る ことばは なぁに？ ヒントの文字《もじ》と絵《え》を よく見《み》て答《こた》えてね！

1 その手《て》は桑名《くわな》の焼《や》き？

【その手《て》は食《く》わないということ】

三重県桑名《みえけんくわな》の名物《めいぶつ》は焼《や》き？。それを「食《く》わない」と「桑名《くわな》」をかけて、だまされないぞということを調子《ちょうし》よく言《い》い表《あらわ》したことば。

2 鴨《かも》が？をしょってくる

【都合《つごう》のよいことが重《かさ》なって、ますます好都合《こうつごう》になること】

鴨鍋《かもなべ》の材料《ざいりょう》の肉《にく》と？が同時《どうじ》に手《て》に入《はい》ることから。「鴨《かも》？」とも。

3 ？が豆鉄砲《まめでっぽう》を食《く》ったよう

【突然《とつぜん》のことに、目《め》を丸《まる》くして驚《おどろ》くようす】

好物《こうぶつ》の豆《まめ》を、おもちゃの豆鉄砲《まめでっぽう》で食《く》わされて、目《め》を丸《まる》くして驚《おどろ》く？のようすから。

4 ？の河童《かっぱ》

【たやすいことで、なんとも思《おも》わないこと】

？はおなら。河童《かっぱ》がおならをしても、だれもなんとも思《おも》わないことから。「河童《かっぱ》の？」とも。

5 お？の子《こ》さいさい

【なんの苦労《くろう》もなく、いとも簡単《かんたん》にできるようす】

「お？の子《こ》」は、お？菓子《がし》

ヒント

桃《もも》	盆《ぼん》	葱《ねぎ》
蛤《はまぐり》	茶《ちゃ》	鳩《はと》
屁《へ》	猫《ねこ》	草《ぐさ（くさ）》

★答《こた》えは左《ひだり》ページにあります。

のことで、いくら食《た》べても満腹《まんぷく》にならないから、たやすい意味《いみ》に。「さいさい」は、はやしことば。

6 驚《おどろ》き ? の木《き》 山椒《さんしょ》の木《き》

【びっくりすること】

驚《おどろ》きの「き」と、そのほかの「木《き》」を語呂《ご》合《あ》わせしたことば。

7 結構毛《けっこうけ》だらけ ? 灰《はい》だらけ

【たいへん結構《けっこう》なこと】

大《おお》いに結構《けっこう》だということをちゃかした言《い》い方《かた》。「け」を重《かさ》ねて調子《ちょうし》をつけている。

8 ぺんぺん ? が生《は》える

【家《いえ》などが荒《あ》れ果《は》てるようす】

ぺんぺん ? は、春《はる》の七草《ななくさ》のひとつでもあるナズナのこと。

9 ? と正月《しょうがつ》がいっしょに来《き》たよう

【めちゃくちゃ忙《いそが》しいこと。またうれしいことや楽《たの》しいことが重《かさ》なってやってくること】

? も正月《しょうがつ》も、迎《むか》える準備《じゅんび》は大《おお》忙《いそが》しになることから。また迎《むか》えると、うれしく楽《たの》しいことから。

うわさのまる子《こ》

まる子
はまじ
ヒューヒュー
まったく・・・根《ね》も葉《は》もないうわさがまわったせいで・・・授業《じゅぎょう》もうわの空《そら》だったよ
根も葉もない
うわの空
小学生《しょうがくせい》にして慣用句《かんようく》を使《つか》いこなすなんてうちの孫《まご》は天才《てんさい》じゃないじゃろか
オーバーである

答《こた》え

①その手《て》は桑名《くわな》の焼《や》き蛤《はまぐり》 ②鴨《かも》が葱《ねぎ》をしょってくる ③鳩《はと》が豆鉄砲《まめでっぽう》を食《く》ったよう ④屁《へ》の河童《かっぱ》 ⑤お茶《ちゃ》の子《こ》さいさい ⑥驚《おどろ》き桃《もも》の木《き》山椒《さんしょ》の木《き》 ⑦結構毛《けっこうけ》だらけ猫灰《ねこはい》だらけ ⑧ぺんぺん草《ぐさ》が生《は》える ⑨盆《ぼん》と正月《しょうがつ》がいっしょに来《き》たよう

ひょいひょい
オオー

甘《あま》い汁《しる》を吸《す》う

意《い》味《み》 自分《じぶん》はなんの苦労《くろう》もしないで、ほかの人《ひと》を利用《りよう》して利益《りえき》を得《え》る。

解《かい》説《せつ》 甘《あま》い汁《しる》をおいしそうに吸《す》っているようすを表《あらわ》していることばで、「甘《あま》い汁《しる》」は、ここでは苦労《くろう》をしないで手《て》にする利益《りえき》のことです。

「うまい汁《しる》を吸《す》う」ともいいます。「甘《あま》い汁《しる》」に対《たい》して「苦《にが》い汁《しる》」は「苦《く》汁《じゅう》」で、つらい経験《けいけん》をすることを「苦汁《くじゅう》をなめる」といいます。

使《つか》い方《かた》 努力《どりょく》もしないで成功《せいこう》しようとするなんて、そんな甘《あま》い汁《しる》を吸《す》って生《い》きていく態度《たいど》は許《ゆる》せない。

甘

まったく毎日《まいにち》ゴロゴロして
ゴロゴロ
世《よ》の中《なか》甘《あま》い汁《しる》ばかり吸《す》って生《い》きてはいけないわよ
花輪家《はなわけ》――
わあ すごい ごちそう
ん〜〜〜〜 おいし〜
ほんとだね
たくさん食《た》べておくれよ
何《なに》もしてないのに甘《あま》い汁《しる》を吸《す》わせてもらって悪《わる》いねぇ
時《とき》にはそういうこともある――

甘《あま》い物《もの》に蟻《あり》がつく

「甘《あま》い」といえば、寄《よ》ってくる蟻《あり》が思《おも》い浮《う》かびます。そこで、うまい話《はなし》や利益《りえき》が上《あ》がるところに人《ひと》が集《あつ》まってくるようすを、蟻《あり》にたとえて「甘《あま》い物《もの》に蟻《あり》がつく」といいます。残念《ざんねん》ですが、ほんとうにそうですね。

甘

蟻《あり》のはい出《で》る隙《すき》もない

意味《いみ》 ほんの少《すこ》しの隙間《すきま》もない。隙間《すきま》なく囲《かこ》まれて、逃《に》げ出《だ》すことができない。

解説《かいせつ》 小《ちい》さな蟻《あり》でさえ、はい出《で》る隙間《すきま》もないことから、厳重《げんじゅう》に周《まわ》りを取《と》り囲《かこ》まれているようすを表《あらわ》します。どんなことをしても、出《で》ることのできない状態《じょうたい》です。「蟻《あり》のはい出《で》る所《ところ》もない」ともいいます。

使《つか》い方《かた》 警官隊《けいかんたい》に、蟻《あり》のはい出《で》る隙《すき》もないほど厳重《げんじゅう》に包囲《ほうい》され、中《なか》に逃《に》げこんだ犯人《はんにん》は身動《みうご》きがとれない。つかまるのも時間《じかん》の問題《もんだい》だ。

隙《すき》

「隙《すき》」と書《か》くと、なんだか難《むずか》しそうに見《み》えますが、もともとは空《す》いている意味《いみ》の「空《す》き」と同《おな》じです。音読《おんよ》みするとゲキで、隙間《すきま》は「**間隙《かんげき》**」です。そして、隙間《すきま》を通《とお》り抜《ぬ》けることを「**間隙《かんげき》を縫《ぬ》う**」といいます。

う〜〜ん
これじゃ蟻《あり》のはい出《で》る隙《すき》もないであろう
どうする？
ブ〜
将軍《しょうぐん》こうなったらあの方法《ほうほう》しかないブー
あの方法《ほうほう》か…
よしとつげきー
ワーワー
蟻《あり》のはい出《で》る隙《すき》もない敵《てき》の中《なか》に笠《かさ》をかぶってまぎれこむふたりであった——

合《あ》わせる顔《かお》がない

意味《いみ》 申《もう》しわけないことをしてしまい、その人《ひと》の前《まえ》に出《で》られない。会《あ》うのがつらい。

解説《かいせつ》 失礼《しつれい》なことをしてしまい、顔《かお》を合《あ》わせるのがつらいという気持《きも》ちを表《あらわ》しています。おわびをしようとしても、おわびのしようがない状態《じょうたい》です。「顔向《かおむ》けできない」ともいいます。

使《つか》い方《かた》 サッカーの試合《しあい》で、実力《じつりょく》を発揮《はっき》することができずに負《ま》けた。今《いま》まで熱心《ねっしん》に指導《しどう》してくださったコーチの先生《せんせい》に合《あ》わせる顔《かお》がない。

どの面《つら》下《さ》げて

とても合《あ》わせる顔《かお》がないはずなのに、厚《あつ》かましくやってきた相手《あいて》に、「**どの面《つら》下《さ》げて**やってきたのだ」とののしることがあります。この「どの面《つら》下《さ》げて」も慣用句《かんようく》です。「面《つら》」は顔《かお》つきのことです。

面

ズ〜ン
どうしたまる子《こ》具合《ぐあい》でも悪《わる》いのか!?
すごい失敗《しっぱい》をしてしまって……
失敗《しっぱい》がなんじゃ!!
合《あ》わせる顔《かお》がなくて……
何《なに》があったんじゃ!?
おじいちゃんの一番大事《いちばんだいじ》にしている盆栽《ぼんさい》をこわしちゃって……
……それは合《あ》わせる顔《かお》がないであろう——

暗礁《あんしょう》に乗《の》り上《あ》げる

意味《いみ》 思《おも》いがけない困難《こんなん》や危険《きけん》に出《で》あい、物事《ものごと》が進《すす》まなくなる。行《い》きづまる。

解説《かいせつ》 航行《こうこう》している船《ふね》が、暗礁《あんしょう》に乗《の》り上《あ》げて進《すす》めなくなったようすを表《あらわ》していることばです。どうにも進《すす》めなくて、困《こま》っている状態《じょうたい》です。「暗礁《あんしょう》」は海中《かいちゅう》にかくれている見《み》えない岩《いわ》のことです。

使《つか》い方《かた》 練《ね》りに練《ね》って立《た》てられたりっぱな計画《けいかく》だったが、資金《しきん》が集《あつ》まる見《み》通《とお》しが立《た》たなくなり、暗礁《あんしょう》に乗《の》り上《あ》げてしまった。

礁《しょう》

「礁《しょう》」だけでも、海中《かいちゅう》にある見《み》えない岩《いわ》を表《あらわ》します。「暗礁《あんしょう》」のように使《つか》われると、何《なに》かいやな感《かん》じがしますが、「礁《しょう》」は美《うつく》しいものにも使《つか》われます。「珊瑚礁《さんごしょう》」です。熱帯《ねったい》の海中《かいちゅう》に広《ひろ》がる珊瑚礁《さんごしょう》を見《み》てみたいですね。

あと1時間《じかん》で完成《かんせい》させないと
夏休みのポスター
がんばるんじゃまる子《こ》
あっはみ出《だ》した
だいじょうぶじゃそれぐらい
肝心《かんじん》な緑《みどり》の絵《え》の具《ぐ》がない
なんと!!
ああ
ザバ〜
夏休《なつやす》み最終日《さいしゅうび》ポスターの完成《かんせい》が暗礁《あんしょう》に乗《の》り上《あ》げてしまった

痛《いた》くもかゆくもない

いたくない
かゆくない

意味《いみ》 なんとも感《かん》じない。まったく困《こま》ることはない。

解説《かいせつ》 痛《いた》みもかゆみも感《かん》じないということで、どんなことが起《お》こっても平気《へいき》だという気持《きも》ちを表《あらわ》しています。難《むずか》しいことばで「痛痒《つうよう》を感《かん》じない」といいます。「痛痒《つうよう》」は痛《いた》みと痒《かゆ》みです。「牛《うし》の角《つの》を蜂《はち》が刺《さ》す」ということばもあります。たしかに牛《うし》は何《なに》も感《かん》じませんね。

使い方《つかいかた》 サッカーの試合《しあい》で、一〇対《たい》〇と大量《たいりょう》のリード。ここで一点《てん》くらい取《と》られても、痛《いた》くもかゆくもない。

痛《いた》しかゆし

「**痛《いた》くもかゆくもない**」とは対《たい》照的《しょうてき》に、痛《いた》くもあり、かゆくもあるようすを表《あらわ》すことばもあります。「**痛《いた》し かゆし**」です。かゆいのでかくと、今度《こんど》はそこが痛《いた》くなるという、どうしようもない状態《じょうたい》です。

痛《いた》し
かゆし
ポリポリ

おねえちゃんのバカー
なによ まる子のマヌケ
お姉《ねえ》ちゃんの本《ほん》なんてこうしてやる!!
バン
ふんっ
そんなことしたって痛《いた》くもかゆくもないんだから
ム〜〜
若《わか》いっていいのう
痛《いた》いところもかゆいところもないなんてのう…
え……

至《いた》れり尽《つ》くせり

意味《いみ》 何《なに》もかも細《こま》かい所《ところ》まで心配《こころくば》りがされている。

解説《かいせつ》 「至《いた》れり」は行《い》き届《とど》いていること、「尽《つ》くせり」は十分《じゅうぶん》に行《おこな》われていることで、心配《こころくば》りがすみずみまで行《い》きわたっているようすを表《あらわ》しています。似《に》た意味《いみ》のことばをふたつ並《なら》べて、いっそう意味《いみ》を強《つよ》めています。すべてに申《もう》し分《ぶん》がないのです。

使《つか》い方《かた》 花輪《はなわ》クンの家《いえ》に招待《しょうたい》されたまる子《こ》たちは、至《いた》れり尽《つ》くせりのおもてなしで、まるで夢《ゆめ》を見《み》ているような心持《こころも》ちであった。

ヒデじいのおかげで至《いた》れり尽《つ》くせりさ

かゆい所《ところ》に手《て》が届《とど》く

「至《いた》れり尽《つ》くせり」のような心《こころ》配《くば》りを表《あらわ》すことばには、「**かゆい所《ところ》に手《て》が届《とど》く**」もあります。かゆい所《ところ》を、本人《ほんにん》に代《か》わってかいてくれるのです。

この「手《て》」は、細《こま》かい所《ところ》にまで行《い》き届《とど》いている「心《こころ》の手《て》」ですね。

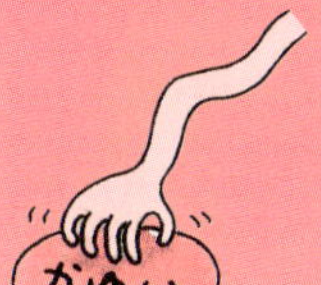
かゆい

母《はは》の日《ひ》
わあ すごい ごちそう
父《ちち》の日《ひ》
おっ きがきくな
敬老《けいろう》の日《ひ》
しあわせじゃ
わるいね
至《いた》れり尽《つ》くせりのおもてなし
まる子《こ》もたまには至《いた》れり尽《つ》くせりにもてなされたいよ
100年《ねん》早《はや》い!!
その通《とお》りである——

一《いち》から十《じゅう》まで

1 2 3 4 5 6 7 8 9 10

意味《いみ》 最初《さいしょ》から最後《さいご》まで、すっかり全部《ぜんぶ》。

解説《かいせつ》 数《かず》の初《はじ》めの「一《いち》」から終《お》わりの「十《じゅう》」までということで、何《なに》から何《なに》まですべてだという意味《いみ》を表《あらわ》します。しかも、ひとつもとばすことなく、ひとつ残《のこ》らず、細《こま》かくという意味《いみ》も入《はい》っています。

使《つか》い方《かた》 合唱《がっしょう》のメンバーに選《えら》ばれたわたしたちは、先生《せんせい》から、声《こえ》の出《だ》し方《かた》や合《あ》わせ方《かた》など、一《いち》から十《じゅう》までていねいに教《おそ》わって、コンクールで優勝《ゆうしょう》した。

まったく あんたは 一《いち》から 十《じゅう》まで 説明《せつめい》しないと わからないいん だから
え？
一《いち》から 九《きゅう》ぐらい まで 説明《せつめい》 してくれれば まる子《こ》だって さすがに わかるよ
…………
やだねえ おかあさん

一刻《いっこく》を争《あらそ》う

意味《いみ》 少《すこ》しの時間《じかん》の余裕《よゆう》もない。

解説《かいせつ》 「一刻《いっこく》」は、時間《じかん》のひとつの刻《きざ》み目《め》ということで、たいへんに短《みじか》い時間《じかん》を表《あらわ》します。緊急《きんきゅう》の事態《じたい》がさしせまり、早《はや》くしなければ、というようすを伝《つた》えていることばです。「争《あらそ》う」は、ここでは「早《はや》く行《おこな》う」の意味《いみ》です。

使《つか》い方《かた》 一刻《いっこく》を争《あらそ》う事態《じたい》に備《そな》えて、救急車《きゅうきゅうしゃ》はいつでも出動《しゅつどう》できるように、態勢《たいせい》を整《ととの》えている。

おじいちゃーーーん
早《はや》く 早《はや》く!!
一刻《いっこく》を 争《あらそ》うん だよ〜〜〜っ
おじいちゃーん
ドン ドン
はやく 出て—
トイレ
一刻《いっこく》を争《あらそ》う さくら家《け》の トイレ戦争《せんそう》である——

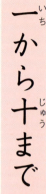

一《いっ》矢《し》を報《むく》いる

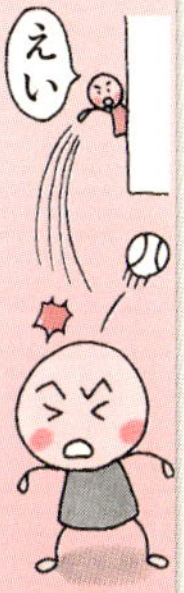
えい

意味《いみ》 相手《あいて》の攻撃《こうげき》に対《たい》して、わずかながらも反撃《はんげき》する。

解説《かいせつ》 戦場《せんじょう》で、敵《てき》の圧倒的《あっとうてき》な攻撃《こうげき》に対《たい》し、矢《や》を一本《ぽん》射返《いかえ》すことで、少《すこ》しではあるが、負《ま》けずにやり返《かえ》すようすを表《あらわ》しています。そのまま負《ま》けるわけにはいかないと、意地《いじ》を見《み》せているのです。「を」を取《と》って「一《いっ》矢《し》報《むく》いる」ともいいます。「報《むく》いる」は相手《あいて》に返《かえ》すことです。

使《つか》い方《かた》 うちのチームが大差《たいさ》で負《ま》けている試合《しあい》だったが、最終回《さいしゅうかい》にホームランを打《う》って一矢《いっし》を報《むく》いた。

「一矢《いっし》」と「一糸《いっし》」

「一矢《いっし》」とはちがいますが、同《おな》じ「**いっし**」と発音《はつおん》することばに「**一糸《いっし》**」があります。織《お》り物《もの》の糸《いと》が一本《ぽん》もみだれていないということから、全《ぜん》体《たい》がきちんとそろっているようすを「**一糸《いっし》乱《みだ》れず**」といいます。

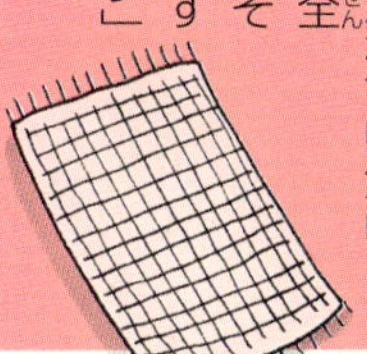

まる子《こ》!!
いつもいつもだらしなくしてるからいざ使《つか》うとき見《み》つからないのよ
ひっ
日《ひ》ごろから整《せい》とんできていれば探《さが》すことなんてないのよ
ガミガミ
…お母《かあ》さんだってこの間《あいだ》かくしたへそくり探《さが》していたじゃん
ぼそ…
一矢《いっし》を報《むく》いるまる子《こ》だったが…
ガミガミガミガミガミガミガミ
逆効果《ぎゃくこうか》であった——

一石《いっせき》を投《とう》じる

意味《いみ》　いろいろな意見《いけん》がわき起《お》こるような問題《もんだい》を投《な》げかける。

解説《かいせつ》　静《しず》かな水面《すいめん》に石《いし》を投《な》げ入《い》れると、円《まる》い波紋《はもん》ができ、それがどんどん広《ひろ》がっていきます。このように、周《まわ》りがとてもだまっていられないような問題《もんだい》を、ぽんと投《な》げかけるようすにたとえたのです。「波紋《はもん》を投《とう》ずる」ともいいます。

使《つか》い方《かた》　日曜日《にちようび》も学校《がっこう》の図書館《としょかん》を開館《かいかん》しては？　という提案《ていあん》が一石《いっせき》を投《とう》じ、先生方《せんせいがた》の会議《かいぎ》でも、いろいろな意《い》見《けん》が交《か》わされた。

紋《もん》
水面《すいめん》に石《いし》を投《な》げると波紋《はもん》が広《ひろ》がりますが、この「**紋**《もん》」というのは、線《せん》や形《かたち》で表《あらわ》された「もよう」です。また、指《ゆび》のもようは「**指紋**《しもん》」ですね。声《こえ》のちがいを機械《きかい》を使《つか》って識別《しきべつ》できる「**声紋**《せいもん》」というのもあります。

あー
あ〜〜
あー

テストに向《む》けて放課後《ほうかご》勉強会《べんきょうかい》をやりたいと思《おも》うのですがいかがでしょう!!
………
しーーん
…無反応《むはんのう》……
一石《いっせき》を投《とう》じてみましたがズバリ!! これじゃダメでしょう!!
…反応《はんのう》がないようなので…
次《つぎ》の議題《ぎだい》来月《らいげつ》のお楽《たの》しみ会《かい》の出《だ》し物《もの》について…
ハイ
ハイ
ハイ
ハイ
ハイ
一石《いっせき》を投《とう》じてようやく意見《いけん》もとびかい ほっとする丸尾《まるお》くんであった
ホッ

一本《いっぽん》取《と》られる

一本
ああ

意味《いみ》 相手《あいて》にやりこめられる。みごとにやられる。

解説《かいせつ》 この「一本《いっぽん》」は、柔道《じゅうどう》や剣道《けんどう》の技《わざ》がひとつ決《き》まることで、相手《あいて》に負《ま》けることを表《あらわ》します。試合以外《しあいいがい》でも、相手《あいて》にやりこめられたときなどに、「一本取《いっぽんと》られた」と使《つか》います。「一本参《いっぽんまい》る」ともいいます。

使《つか》い方《かた》 まる子《こ》にやりこめられて、一《いっ》本取《ぽんと》られたと思《おも》うおじいちゃん。ちょっとだけくやしかったが、孫《まご》の成長《せいちょう》に目《め》を細《ほそ》めた。その頼《たの》もしさがうれしく思《おも》えた。

ばあさん わしの くつ下《した》 片方《かたほう》 知《し》らんか?
知《し》りませんよ
おじいちゃんの くつ下は イスの下だよ
まる子《こ》の イタズラじゃな
おや
ナベの下だよ
植木の下だよ
ポストの中だよ
ポケットの中だよ
ぜー ぜー
まる子《こ》に一本《いっぽん》取《と》られたじいさんであった——

一本勝負《いっぽんしょうぶ》

「三本勝負《さんぼんしょうぶ》」とか「七番勝負《ななばんしょうぶ》」など、勝《か》ち点《てん》の数《かず》によって勝敗《しょうはい》が決《き》まる競技《きょうぎ》の中《なか》で、精神的《せいしんてき》にもっともきびしいのは「一本勝負《いっぽんしょうぶ》」でしょう。何《なに》しろたった一本《ぽん》で勝者《しょうしゃ》と敗者《はいしゃ》が決《き》まってしまい、後《あと》がないからです。

勝者
敗者

いの一番《いちばん》

い
一番

意味《いみ》　一番《いちばん》はじめ。真《ま》っ先《さき》。

解説《かいせつ》　「いろは歌《うた》」のはじめの「い」と「一番《いちばん》」の「い」とを組《く》み合《あ》わせて、「一番《いちばん》」の意味《いみ》を強《つよ》めた言《い》い方《かた》です。「だんぜん一番《いちばん》」というわけです。「いろは歌《うた》」とは「いろはにほへと…」の平《ひら》がな四十七文字《もじ》を一回《かい》ずつ使《つか》った歌《うた》のことで、これをもとにしてできたのが、下《した》にある「いろはガルタ」です。

使《つか》い方《かた》　小杉《こすぎ》くんは、今日《きょう》も給食《きゅうしょく》のおかわりをしようと、いの一番《いちばん》にクリームシチューをたいらげた。

いろはガルタ

江戸《えど》の「いろはガルタ」の「い」は「**犬《いぬ》も歩《ある》けば棒《ぼう》に当《あ》たる**」ですが、地方《ちほう》によって異《こと》なります。京都《きょうと》は「**一寸先《いっすんさき》は闇《やみ》**」、大阪《おおさか》・名古屋《なごや》は「**一《いち》を聞《き》いて十《じゅう》を知《し》る**」です。どれも聞《き》いたことのあることわざですね。

い

ただいまーー
バタバタバタ
お帰《かえ》り
ねえねえお母《かあ》さん聞《き》いて聞《き》いて
ハイハイ
まる子《こ》は学校《がっこう》であった出来事《できごと》をいの一番《いちばん》にお母《かあ》さんに伝《つた》える…
それでねーー
じ〜
……わしは
いの二番《にばん》ってとこじゃ……
あらあら
まる子《こ》さん… たまには わしも いの一番《いちばん》
友蔵《ともぞう》 心《こころ》の俳句《はいく》

否《いや》でも応《おう》でも

否《いや》でも応《おう》でも

意味《いみ》　否《いや》でも否《いや》でなくても。何《なに》があっても。

解説《かいせつ》　「否《いや》」は反対《はんたい》、「応《おう》」は賛成《さんせい》です。反対《はんたい》も賛成《さんせい》も関係《かんけい》なく、何《なに》が何《なん》でもそうさせなければ、またそうしなければならないという気持《きも》ちを表《あらわ》していることばです。「否《いや》が応《おう》でも」「否《いや》も応《おう》もない」「否応《いやおう》なく」「否応《いやおう》なしに」など、いろいろな言《い》い方《かた》があります。

使《つか》い方《かた》　八月《がつ》三十一日《にち》。たまってしまった夏休《なつやす》みの宿題《しゅくだい》を、否《いや》でも応《おう》でも終《お》えなければならない。

是《ぜ》非《ひ》

「否《いや》」と「応《おう》」の組《く》み合《あ》わせと意味《いみ》の似《に》たことばに「是非《ぜひ》」があります。「是《ぜ》」はよい、「非《ひ》」はよくないことで、「**是非《ぜひ》おいでください**」など、よい・よくないに関係《かんけい》なく、の意味《いみ》で使《つか》われます。

ぜひ　おいでください

今日《きょう》は否《いや》でも応《おう》でも部屋《へや》の片《かた》づけをしてもらいます!!
えーーっ たまちゃんと約束《やくそく》してるのに
アッハッハ 何《なに》この写真《しゃしん》
正月《しょうがつ》の写真《しゃしん》ね なんでまる子《こ》の部屋《へや》にあるのよ
どうしたんだ?
見《み》てよ お父《とう》さんのこの顔《かお》
ヒラ
あ
ひどいな
まてー
否《いや》でも応《おう》でも写真《しゃしん》をおいかけなくてはいけない3人《にん》であった

上《うえ》を下《した》への

意味《いみ》　大混乱《だいこんらん》を起《お》こしているようす。

解説《かいせつ》　上《うえ》のものが下《した》になったり、下《した》のものが上《うえ》になったりと、全体《ぜんたい》が入《い》り乱《みだ》れているようすを表《あらわ》していることばです。もとのことばは「上《うえ》を下《した》へかえす」で、略《りゃく》して「上《うえ》を下《した》へ」となり、そして「の」をつけて「上《うえ》を下《した》への」として使《つか》われることが多《おお》くなりました。

使《つか》い方《かた》　ちょうど通勤《つうきん》・通学《つうがく》の時間帯《じかんたい》に電車《でんしゃ》が動《うご》かなくなってしまい、駅《えき》構内《こうない》は上《うえ》を下《した》への大《おお》さわぎ。駅員《えきいん》さんが、汗《あせ》だくで対応《たいおう》していた。

右《う》往《おう》左《さ》往《おう》

上《うえ》を下《した》への大《おお》さわぎになったら、人々《ひとびと》はどうするでしょうか。どうしようもなく、ただ右《みぎ》へ行《い》ったり左《ひだり》へ行《い》ったり、うろうろするだけです。このようすが「**右《う》往《おう》左《さ》往《おう》**」です。上《じょう》下《げ》にも、左右《さゆう》にも動《うご》いて大混乱《だいこんらん》です。

まるちゃん お花《はな》に水《みず》を あげるの 手伝《てつだ》って くれる?
うん いいよ
フフ フン
まる子《こ》とかよちゃんが 花《はな》に水《みず》をやると 花《はな》は喜《よろこ》び
まる子《こ》たちは 笑顔《えがお》に なる
しかし地下《ちか》の世界《せかい》は
わあ水《みず》だ
ワー
ワー
ワー
ワー
ワー
上《うえ》を下《した》への大《おお》さわぎ であった——

現《うつつ》を抜《ぬ》かす

意味《いみ》 ある物事《ものごと》に熱中《ねっちゅう》して、本心《ほんしん》を失《うしな》ってしまう。

解説《かいせつ》 「現《うつつ》」は、ふつうに持《も》っている心《こころ》の意味《いみ》で、正気《しょうき》のことです。「抜《ぬ》かす」は失《うしな》うことで、ある物事《ものごと》に夢中《むちゅう》になり、心《こころ》をうばわれてしまっているのが「現《うつつ》を抜《ぬ》かす」です。静《しず》かな落《お》ち着《つ》いた心《こころ》が、どこかへ行《い》ってしまったのです。あまりよくないことに、夢中《むちゅう》になるようすに使《つか》います。

使《つか》い方《かた》 ゲームばかりに現《うつつ》を抜《ぬ》かしていないで、少《すこ》しは勉強《べんきょう》しなさい。

まんが
宿題
宿題

夢《ゆめ》現《うつつ》

現《うつつ》を抜《ぬ》かすは、夢《ゆめ》を見《み》ているのと同《おな》じです。このふたつを合《あ》わせて「夢現《ゆめうつつ》」といいます。ただしこのことばは、その中間《ちゅうかん》のぼんやりしたようすも表《あらわ》しています。そんな状態《じょうたい》で、授業《じゅぎょう》に出《で》てはいけませんね。

おじいちゃん まる子《こ》と「王様《おうさま》とおひめ様《さま》ごっこ」しようよ
よし きた!
わしは 何《なに》を すれば いいんじゃ
おじいちゃんは そこのカーテンに くるまって 王様《おうさま》っぽく しててよ
まる子《こ》は まんがを 積《つ》み重《かさ》ねて 豪華《ごうか》な ベッドを 作《つく》るよ
そんなことに 現《うつつ》を抜《ぬ》かして ないで 勉強《べんきょう》 しなさい!!
そのとおりである

打《う》てば響《ひび》く

ゴオオオン

意味 人《ひと》のいうことやすることに、すぐに応《こた》える。

解説 鐘《かね》や太鼓《たいこ》を打《う》つと、その瞬間《しゅんかん》に音《おと》が鳴《な》り響《ひび》くように、こちらから働《はたら》きかけると、すぐにふさわしい反応《はんのう》があるようすを表《あらわ》していることばです。時間《じかん》が短《みじか》いだけではなく、内容《ないよう》もすぐれているのです。「打《う》てば響《ひび》く、たたけば鳴《な》る」と続《つづ》けて使《つか》うこともあります。

使い方 ちょっと助言《じょげん》しただけで記録《きろく》がのびる。彼《かれ》は打《う》てば響《ひび》く、すばらしいスポーツ選手《せんしゅ》だ。

「打《う》つ」と「たたく」

「打《う》つ」も「たたく」も、ぽんと強《つよ》く当《あ》てることです。似《に》ている動作《どうさ》ですが、使《つか》われ方《かた》が分《わ》かれているものがあります。

【打つ】●心《こころ》を ●注射《ちゅうしゃ》を ●蕎麦《そば》を

【たたく】●門《もん》を ●肩《かた》を ●大口《おおぐち》を

などがそうです。

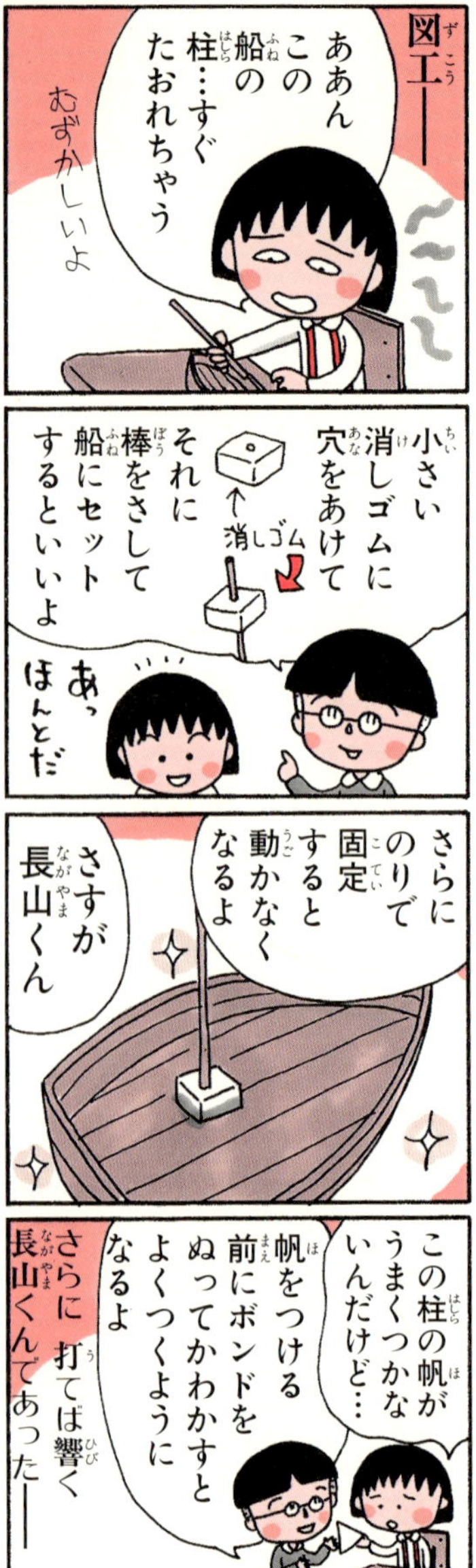
図工《ずこう》——
ああん この船《ふね》の柱《はしら》…すぐたおれちゃう
むずかしいよ
小《ち》さい消《け》しゴムに穴《あな》をあけてそれに棒《ぼう》をさして船《ふね》にセットするといいよ
消しゴム
あっ ほんとだ
さらにのりで固定《こてい》すると動《うご》かなくなるよ
さすが長山《ながやま》くん
この柱《はしら》の帆《ほ》がうまくつかないんだけど…
帆《ほ》をつける前《まえ》にボンドをぬってかわかすとよくつくようになるよ
さらに長山《ながやま》くんで打《う》てば響《ひび》くであった——

もっと知《し》りたい 慣用句《かんようく》コラム1

四字熟語《よじじゅくご》も慣用句《かんようく》

飛《と》んでいる鳥《とり》を落《お》とそうと、石《いし》をひとつ投《な》げたら、二羽《わ》の鳥《とり》に当《あ》たって落《お》ちてきました。このような都合《つごう》のよい話《はなし》は、よくあるものです。このことを「一石二鳥《いっせきにちょう》」といいます。同《おな》じような四字熟語《よじじゅくご》に「**一挙両得**《いっきょりょうとく》」もあります。ひとつの動作《どうさ》（一挙《いっきょ》）でふたつの得《とく》をする意味《いみ》です。こんなことが続《つづ》けばいいですね。

「一石二鳥《いっせきにちょう》」は運《うん》がよかったのですが、自分《じぶん》にだけ都合《つごう》のよいように計画《けいかく》をめぐらすのは「**我田引水**《がでんいんすい》」です。よその田《た》んぼのことは考《かんが》えないで、自分《じぶん》の田《た》んぼだけに水《みず》を入《い》れるのです。「**我《わ》が田《た》に水《みず》を引《ひ》く**」ともいいます。

「**私利私欲**《しりしよく》」というものもあります。「自分《じぶん》の利益《りえき》を追《お》い求《もと》める欲《よく》望《ぼう》」です。人間《にんげん》の社会《しゃかい》は、みんなで助《たす》け合《あ》って暮《く》らしていく所《ところ》です。自分勝手《じぶんかって》はやめましょう。

人生《じんせい》は楽《らく》なことばかりではありません。むしろ、苦《くる》しいことのほうが多《おお》いかもしれません。この苦労《くろう》を「**難行苦行**《なんぎょうくぎょう》」といいます。「行《ぎょう》」は仏教《ぶっきょう》の修行《しゅぎょう》で、苦《くる》しさに耐《た》えて生《い》きていくようすに使《つか》われる四字熟語《よじじゅくご》です。何事《なにごと》も、すぐにあきらめてはいけません。

もうだめだとあきらめかけている人《ひと》を救《すく》うのは「**起死回生**《きしかいせい》」です。「起死《きし》」は死《し》にかかっている人《ひと》を起《お》こすこと、「回生《かいせい》」は生《い》き返《かえ》らせることです。「起死回生《きしかいせい》の逆転《ぎゃくてん》ホームラン！」などと、スポーツでもこのことばはよく使《つか》われます。みなさんも、強《つよ》く、たくましく生《い》きていきましょう。

パン食《く》い競走《きょうそう》
おお〜うまそう
運動《うんどう》にもなるし パンも 食《た》べられるし 一石二鳥《いっせきにちょう》だな

我田引水《がでんいんすい》
うしし

ワー
カキーン
起死回生《きしかいせい》のホームラン

慣用句《かんようく》クイズ② 動物《どうぶつ》がらみのいろいろ

？の中《なか》に入《はい》る動物《どうぶつ》はなぁに？ヒントの文字《もじ》と絵《え》をよく見《み》て答《こた》えてね！

1 ？寝入《ねい》り

【眠《ねむ》ったふりをすること】

？は、おくびょうなので、ショックを受《う》けると気《き》を失《うしな》うことがある。そのようすが寝入《ねい》っているように見《み》えることから。

2 袋《ふくろ》の？

【逃《に》げることのできないようす】

袋《ふくろ》に入《い》れられた？は、どんなにあがいても逃《に》げられないことから。「袋《ふくろ》の中《なか》の？」とも。

3 ？の生殺《なまごろ》し

【物事《ものごと》に手《て》をつけながら、決着《けっちゃく》はつけずにおくこと】

？を痛《いた》めつけて半殺《はんごろ》しにしておいて、そのままほったらかしにすることから。

4 井《い》の中《なか》の？

【考《かんが》えがせまく、広《ひろ》い社会《しゃかい》のことを知《し》らない人《ひと》をいう】

小《ちい》さな井戸《いど》の中《なか》にいる？は、そこが世界《せかい》のすべてだと思《おも》うことから。ことわざでは、さらに「大海《たいかい》を知《し》らず」と続《つづ》く。

5 張《は》り子《こ》の？

【強《つよ》そうに見《み》えて、実際《じっさい》は弱《よわ》い人《ひと》】

？は強《つよ》い動物《どうぶつ》の代名詞《だいめいし》。でも

ヒント

虎《とら》　狸《たぬき》　馬《ば》（うま）
兎《と》（うさぎ）　蛙《かわず》（かえる）　狐《きつね》
鼠《ねずみ》　蛇《へび》

※２回《かい》使用《しよう》する漢字《かんじ》もあります。

★答《こた》えは左《ひだり》ページにあります。

張《は》り子《こ》の？は、中身《なかみ》はからっぽで、ただ首《くび》を振《ふ》るだけ。おもちゃだし、ちっともこわくないことから。

6 ？につままれる

【何《なに》がどうなっているのか、わからなくなること】

「つままれる」とは「化《ば》かされる」ことで、？は人《ひと》を化《ば》かすという昔《むかし》からの迷信《めいしん》から。

7 脱《だっ》？の勢《いきお》い

【行動《こうどう》が、たいへん速《はや》いようす】

逃《に》げる？の速《はや》さは、じんじょうでないことから。

8 ？の威《い》を借《か》る？

【弱《よわ》い者《もの》が、強《つよ》い者《もの》の力《ちから》を利用《りよう》して、いばりちらすこと】

昔話《むかしばなし》などでは、上《うえ》の枠《わく》に入《はい》る動《どう》物《ぶつ》は強《つよ》く、下《した》の枠《わく》に入《はい》る動物《どうぶつ》はずるがしこいといわれている。

9 ？脚《きゃく》をあらわす

【かくしていたことが明《あき》らかになってしまうこと】

芝居《しばい》で、？の脚役《あしやく》の人《ひと》が姿《すがた》を見《み》せてしまうことから。

夏《なつ》の終《お》わりに

ああん
もう気《き》が気《き》でないよ〜
どうしたら……
いいんだろう
…………
あしたなんて
来《こ》なきゃいいのに…
8月《がつ》31日《にち》
終《お》わらない宿題《しゅくだい》を前《まえ》に気《き》が気《き》でないまる子《こ》であった
ズーン

答《こた》え

①狸《たぬき》寝入《ねい》り
②袋《ふくろ》の鼠《ねずみ》
③蛇《へび》の生殺《なまごろ》し
④井《い》の中《なか》の蛙《かわず》
⑤張《は》り子《こ》の虎《とら》
⑥狐《きつね》につままれる
⑦脱兎《だっと》の勢《いきお》い
⑧虎《とら》の威《い》を借《か》る狐《きつね》
⑨馬脚《ばきゃく》をあらわす

続《ぞく》 慣《かん》用《よう》句《く》新《しん》聞《ぶん》 1学期《がっき》

花見《はなみ》だよ 全員集合《ぜんいんしゅうごう》

「おっとり刀《がたな》でかけつける」は 大急《おおいそ》ぎ、それともゆっくり!?

桜《さくら》が満開《まんかい》の日曜日《にちようび》、さくら家《け》は総出《そうで》でお花見《はなみ》にくり出《だ》した。シートをしいて場所《ばしょ》を確《かく》保《ほ》するやいなや、花吹雪《はなふぶき》が舞《ま》う公園《こうえん》を走《はし》り回《まわ》る、まる子《こ》とお姉《ねえ》ちゃん。

やがて突然《とつぜん》、**絹《きぬ》を裂《さ》くよう**なふたりの悲鳴《ひめい》が。絹《きぬ》を裂《さ》くようとは、女性《じょせい》のかん高《だか》い叫《さけ》び声《ごえ》のことである。

ヒロシと友蔵《ともぞう》は**おっとり刀《がたな》でかけつけた**。「おっとり刀《がたな》」とは、刀《かたな》を手《て》に持《も》ち大急《おおいそ》ぎでという意味《いみ》で、決《けっ》してゆっくりの意味《いみ》ではない。

かけつけてみれば、桜《さくら》の枝《えだ》から毛虫《けむし》がこんにちは。

毛虫《けむし》を見《み》て、**驚《おどろ》き 桃《もも》の木《き》 山椒《さんしょ》の木《き》**。びっくりして思《おも》わず叫《さけ》んでしまったふたりに、**笑《え》みがこぼれる**お母《かあ》さんとおばあちゃんであった。

3年《ねん》4組通信《くみつうしん》

丸尾《まるお》くん、学級委員《がっきゅういいん》に

新学期《しんがっき》の学級委員《がっきゅういいん》に立候補《りっこうほ》した丸尾《まるお》くんは、**目《め》が回《まわ》る**ような選挙活動《せんきょかつどう》の真《ま》っ最中《さいちゅう》だ。

「当選《とうせん》したあかつきには、クラスのために、**身《み》を粉《こ》にして**働《はたら》いてまいります」

「丸尾《まるお》くんの演説《えんぜつ》を聞《き》きすぎて、あたしゃ**耳《みみ》にたこができる**思《おも》いだよ」

「オレの1票《ぴょう》なら**お安《やす》いご用《よう》**さ。給食《きゅうしょく》の海老《えび》フライを1本《ぽん》くれたら、いいぜ」

「それは**海老《えび》で鯛《たい》を釣《つ》る**ようなおいしい話《はなし》ですが、わいろと見《み》なされ、ズバリ選挙違反《せんきょいはん》になりかねないので、やめておきましょう」

「いいね。**襟《えり》を正《ただ》す**ような**心《こころ》を打《う》つ**ことばだね。 丸《まる》

◆太字《ふとじ》は、慣用句《かんようく》の表現《ひょうげん》です。慣用句《かんようく》の使《つか》い方《かた》をおぼえましょう。

お花見《はなみ》

お花見《はなみ》
うわあすごい人《ひと》
まるで芋《いも》を洗《あら》うようだね
うん景色《けしき》も見《み》られないよ
せめて上《うえ》を向《む》いて桜《さくら》を見《み》ていようよ
うん
2時間後《じかんご》
首《くび》がもどらない…
やりすぎである

慣用句《かんようく》クイズ

Q. 正《ただ》しい慣用句《かんようく》の使《つか》い方《かた》は、どちらでしょう？

1
□ 脚光《きゃっこう》を浴《あ》びる
□ 脚光《きゃっこう》を集《あつ》める

2
□ 足下《あしもと》をすくわれる
□ 足《あし》をすくわれる

3
□ 首《くび》をかしげる
□ 頭《あたま》をかしげる

4
□ 押《お》しも押《お》されもせぬ
□ 押《お》しも押《お》されぬ

5
□ 上《うえ》には上《うえ》がある
□ 上《うえ》には上《うえ》がいる

6
□ 足《あし》げにする
□ 足《あし》げりにする

7
□ 汚名《おめい》をすすぐ
□ 汚名《おめい》をはらす

8
□ 熱《ねつ》に浮《う》かされる
□ 熱《ねつ》にうなされる

★クイズの答《こた》えはこのページの下《した》にあります。

尾《お》くんに1票《ぴょう》を入《い》れるよ」「わたしも同感《どうかん》だわ。やっぱり、花輪《はなわ》クンとは**馬《うま》が合《あ》うわね**」

みぎわさんの発言《はつげん》に、**開《あ》いた口《くち》がふさがらない**まる子《こ》だったが、それから**話《はなし》に花《はな》が咲《さ》く**3年《ねん》4組《くみ》であった。

3日後《かご》、丸尾《まるお》くんは晴《は》れて学級委員《がっきゅういいん》に選《えら》ばれたのである。

おめでとう
パチパチ
パチパチ
丸尾末男

★答え…①脚光を浴びる　②足をすくわれる　③首をかしげる　④押しも押されもせぬ　⑤上には上がある　⑥足げにする　⑦汚名をすすぐ　⑧熱に浮かされる

鵜呑《うの》みにする

ほうほう

意味《いみ》 人《ひと》のいうことを、よく考《かんが》えないでそのまま受《う》け入《い》れる。

解説《かいせつ》 鵜《う》が、捕《つか》まえた魚《さかな》をかまないで、丸《まる》ごと呑《の》み込《こ》むようすからできたことばです。十分《じゅうぶん》に理解《りかい》しないで、全部《ぜんぶ》そのままの形《かたち》で受《う》け入《い》れてしまうのです。鵜《う》は、水《みず》にもぐって魚《さかな》を捕《と》らえる水鳥《みずとり》です。

使《つか》い方《かた》 人《ひと》のうわさは、鵜呑《うの》みにしないで、まずよく調《しら》べて確《たし》かめるようにしましょう。

おじいちゃん まる子《こ》 ほしい本《ほん》が あるんだよ それがないと すごく 困《こま》るんだ
よしっ 買《か》いに 行《い》こう!!

おじいちゃん まる子《こ》の話《はなし》 鵜呑《うの》みに しちゃ ダメよ
えっ?
ほしい本《ほん》は まんがだと お見通《みとお》しの お姉《ねえ》ちゃんであった――

鵜《う》の目《め》鷹《たか》の目《め》

意味《いみ》 物《もの》を探《さが》しているときの、真剣《しんけん》な目《め》つき。

解説《かいせつ》 獲物《えもの》を探《さが》し求《もと》めるときの、鵜《う》や鷹《たか》の鋭《するど》い目《め》ということで、見落《みお》としがないよう熱心《ねっしん》に、物《もの》を探《さが》しているときの真剣《しんけん》な態度《たいど》を表《あらわ》していることばです。鵜《う》は水中《すいちゅう》にもぐって魚《さかな》を捕《つか》まえ、鷹《たか》は上空《じょうくう》から獲物《えもの》をねらって、鋭《するど》いつめで捕《つか》まえます。

使《つか》い方《かた》 デパートのバーゲンセールは、鵜《う》の目《め》鷹《たか》の目《め》になって商品《しょうひん》をあさる人《ひと》でいっぱいだ。

鵜《う》の目《め》 鷹《たか》の目《め》
チラ
チラ
真剣《しんけん》な 目《め》つきの まる子《こ》――

あった!! お母《かあ》さんの かくした クッキー
よく 見《み》つけ たわね
「鵜《う》の目《め》 鷹《たか》の目《め》」に 見落《みお》としはない――

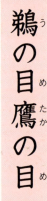

産《う》みの苦《くる》しみ

新
苦

意味《いみ》
新《あたら》しい物事《ものごと》を始《はじ》めるときの、乗《の》り越《こ》えなければならない苦《くる》しみ。

解説《かいせつ》
母親《ははおや》が子《こ》どもを産《う》むときの苦《くる》しみということから、すばらしいものを手《て》にするまでの、また新《あたら》しい道《みち》を切《き》り開《ひら》いていくときの苦労《くろう》を語《かた》っていることばです。この苦《くる》しみがあって、大《おお》きな喜《よろこ》びがあるのです。何事《なにごと》も、苦労《くろう》や努力《どりょく》から逃《に》げてはいけません。

使《つか》い方《かた》
苦節《くせつ》十年《ねん》、産《う》みの苦《くる》しみはあったけれど、やっと小《ちい》さいながらも会社《かいしゃ》を立《た》ち上《あ》げることができた。

産声《うぶごえ》
産《う》みの苦《くる》しみを味《あじ》わいながらも、お母《かあ》さんの耳《みみ》に聞《き》こえてくるうれしい声《こえ》は、赤《あか》ちゃんの「オギャー」という**産声《うぶごえ》**です。産《う》まれて初《はじ》めて出《だ》す声《こえ》なので、産《う》まれることを「**産声《うぶごえ》を上《あ》げる**」といいます。

ここまで来《く》るのにずいぶん苦労《くろう》しました
産《う》みの苦《くる》しみがあってこその成功《せいこう》ですね
産《う》みの苦《くる》しみってなぁに?
何《なに》かを始《はじ》めるときに通《とお》らなくてはならない苦《くる》しみのことじゃ
えーーっやだなーまる子《こ》そんなに苦《くる》しみたくないよ
まる子《こ》はまだ小学生《しょうがくせい》だからそんなことは考《かんが》えなくていいんじゃよ
じゃあおじいちゃんは? どんな産《う》みの苦《くる》しみがあったの?
えっ…
とつぜんの産《う》みの苦《くる》しみ答《こた》えられず…
友蔵《ともぞう》心《こころ》の俳句《はいく》

有《う》無《む》をいわせず

意味《いみ》 相手《あいて》の都合《つごう》を考《かんが》えないで、むりやり自分《じぶん》の思《おも》いどおりにさせる。

解説《かいせつ》 43ページの「否《いや》でも応《おう》でも」と同《おな》じような意味《いみ》のことばです。「有《う》」は承知《しょうち》する、「無《む》」は承知《しょうち》しないことで、相手《あいて》に承知《しょうち》するとかしないとかいわせない、強引《ごういん》な態《たい》度《ど》を示《しめ》しています。自分《じぶん》の思《おも》いどおりにしたいのです。「有無《うむ》をいわさず」ともいいます。

使い方《つかいかた》 部屋《へや》を散《ち》らかしていたら、お母《かあ》さんに見《み》つかってしまい、有無《うむ》をいわせず、そうじをさせられた。

有《う》

「有《う》」のつくことばには、「得意《とくい》の絶頂《ぜっちょう》」の意味《いみ》として使《つか》われる、形《かたち》あるものの最高位《さいこうい》「**有頂天**《うちょうてん》」があります。そして、形《かたち》があったりなかったりのつまらないものを「**有象無象**《うぞうむぞう》」といいます。

さくらさん 日曜日《にちようび》 ウチに来《き》て いいわよ
え？ なんで？
わたしと お人形《にんぎょう》さん ごっこ したいんじゃなくって？ そうでしょ
う… うん…
ズバリ!! 有無《うむ》をいわせず の物言《ものい》いで しょう!!
丸尾《まるお》くん あなた もよ!!
はいっ
有無《うむ》をいわせない みぎわさんである――

うんちくを傾《かたむ》ける

意味
自分《じぶん》の持《も》っている知識《ちしき》や技術《ぎじゅつ》を十分《じゅうぶん》に発揮《はっき》する。

解説
「うんちく」は漢字《かんじ》で「蘊蓄《うんちく》」と書《か》き、「蘊《つ》む（積《つ》む）・蓄《たくわ》える」の意味《いみ》を表《あらわ》します。日《ひ》ごろから積《つ》み重《かさ》ねてきた学問《がくもん》などを、残《のこ》らず出《だ》し切《き》るようすが、「うんちくを傾《かたむ》ける」です。「傾《かたむ》ける」は熱心《ねっしん》に行《おこな》うことです。

使い方
町《まち》に、木《き》や花《はな》を植《う》え続《つづ》けて三十年《ねん》。佐々木《ささき》のじいさんにバラの花《はな》の話《はなし》を聞《き》いたら、うんちくを傾《かたむ》けて、その歴史《れきし》を語《かた》ってくれた。

傾《かたむ》ける
「うんちくを傾《かたむ》ける」のように、熱心《ねっしん》に行《おこな》うようすを表《あらわ》す「傾《かたむ》ける」には「**耳《みみ》を傾《かたむ》ける**」があります。十分《じゅうぶん》に力《ちから》を発揮《はっき》しようとするのは「**全力《ぜんりょく》を傾《かたむ》ける**」。そちらのほうへ、集中的《しゅうちゅうてき》に体《からだ》や気持《きも》ちを寄《よ》せているのです。

日本《にほん》の歴史《れきし》というのはあーでこーであーでこーであーでこーで
むずかしいブー
うーーん
また丸尾《まるお》くんがうんちくを傾《かたむ》けてるね
でもうんちくを傾《かたむ》けられるってものをよく知《し》ってる勉強家《べんきょうか》ってことだよね
そうかだったらまる子《こ》も何《なに》かうんちくを傾《かたむ》けたい
うんうん
………
まる子《こ》には傾《かたむ》けるようなうんちくがなかった

あすはいよいよ運動会《うんどうかい》本番《ほんばん》です
練習《れんしゅう》の成果《せいか》を十分《じゅうぶん》発揮《はっき》できるよう早《はや》めに寝《ね》て英気《えいき》を養《やしな》ってください
ハーーイ
まる子《こ》ーー
今日《きょう》は早《はや》めに寝《ね》なさーい
ハーイ
あしたきんちょうするなあ〜
3時間後《じかんご》
早《はや》く寝《ね》なさい
パッチリ
次《つぎ》の日《ひ》
がんばるぞー
オー
英気《えいき》を養《やしな》ったみんなとは裏腹《うらはら》なまる子《こ》であった——

英気《えいき》を養《やしな》う

意味《いみ》 十分《じゅうぶん》に活動《かつどう》できるように、休養《きゅうよう》して気力《きりょく》・体力《たいりょく》を充実《じゅうじつ》させる。

解説《かいせつ》 「英《えい》」はすぐれるの意味《いみ》で、物事《ものごと》に立《た》ち向《む》かっていく強《つよ》い気力《きりょく》・体力《たいりょく》が「英気《えいき》」です。「英気《えいき》を養《やしな》う」は、目《め》の前《まえ》の決戦《けっせん》に備《そな》え、十分《じゅうぶん》に休《やす》んで疲《つか》れをとり、気力《きりょく》や体力《たいりょく》をさらに充実《じゅうじつ》させる意味《いみ》によく使《つか》われます。「鋭気《えいき》を養《やしな》う」と書《か》き誤《あやま》らないように注意《ちゅうい》しましょう。

使《つか》い方《かた》 お昼寝《ひるね》から目覚《めざ》めたまる子《こ》がいいました。「寝《ね》ていたんじゃないよ。英気《えいき》を養《やしな》っていたんだよ」。

すぐれた「英《えい》」

すぐれるという意味《いみ》の「英《えい》」はよいことを表《あらわ》すことばに多《おお》く使《つか》われます。頭《あたま》がよく、力強《ちからづよ》い人《ひと》は「**英雄**《えいゆう》」。天才《てんさい》・秀才《しゅうさい》と同《おな》じようにあつかわれる人《ひと》は「**英才**《えいさい》」。すぐれた判断《はんだん》には「**英断**《えいだん》」…と、どれもりっぱです。

得体《えたい》が知《し》れない

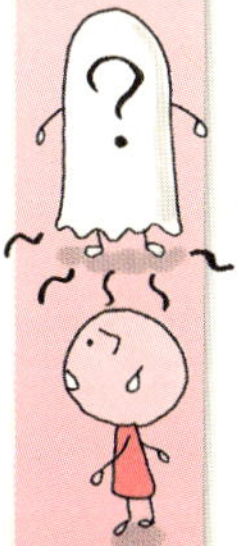

意味　人《ひと》や物《もの》のほんとうの姿《すがた》がわからない。

解説　「得体《えたい》」は正体《しょうたい》や本性《ほんしょう》のことで、人間《にんげん》なのか、そうでないのか、どんな性質《せいしつ》を持《も》っているのか、などです。

それがまったくわからないのが「得体《えたい》が知《し》れない」です。「得体《えたい》の知《し》れない」ともいいます。

使い方　最近《さいきん》、日本《にほん》の近海《きんかい》で、得体《えたい》が知《し》れない魚《さかな》がたくさん網《あみ》にかかるようだ。どうやら地球温暖化《ちきゅうおんだんか》で、水温《すいおん》の変化《へんか》が影響《えいきょう》しているらしい。

○○県《けん》で誘拐事件《ゆうかいじけん》が発生《はっせい》しました
こわいわねぇ
まる子《こ》も気《き》をつけるのよ 得体《えたい》の知《し》れない人《ひと》に ついていっちゃだめよ
うん
ずいぶん暗《くら》くなっちゃったな
おっ まるちゃん 近《ちか》くまで行《い》くから送《おく》ってってあげるよ
みまつやのおじさんか… 得体《えたい》が知《し》れないわけじゃないけど 念《ねん》のため本名《ほんみょう》と住所《じゅうしょ》ぐらい教《おし》えてもらおうかな…
え

得体《えたい》

ことばには、得体《えたい》が知《し》れないものがあります。「**得体**《えたい》」もそのひとつで、語源《ごげん》はこうのと、書《か》き方《かた》はどうの、さまざまな説《せつ》が飛《と》び交《か》っています。みなさんは「納得《なっとく》(**得**《え》)できる姿《すがた》(**体**《たい》)」でおぼえるのが、適切《てきせつ》でしょう。

納得《なっとく》
うーん うーん

襟《えり》を正《ただ》す

ぴしっ

意味《いみ》 気《き》持《も》ちを引《ひ》きしめ、まじめな態《たい》度《ど》をとる。

解説《かいせつ》 中国《ちゅうごく》から来《き》たことばで、襟《えり》をきちんとして服装《ふくそう》を整《ととの》えるということから、まじめな気《き》持《も》ちになる、またこれまでの態《たい》度《ど》を改《あらた》める意《い》味《み》を表《あらわ》しています。襟《えり》をきちんとすると、自《し》然《ぜん》と気《き》持《も》ちが引《ひ》きしまることから、服装全体《ふくそうぜんたい》の代表《だいひょう》として「襟《えり》」が選《えら》ばれているのです。なお「えり」は「衿《えり》」とも書《か》きます。

使《つか》い方《かた》 朝礼《ちょうれい》が行《おこな》われ、生徒全員《せいとぜんいん》が襟《えり》を正《ただ》して校長先生《こうちょうせんせい》の話《はなし》を聞《き》いた。

「衤（ころもへん）」

「襟《えり》」は衣《い》服《ふく》の一部《いちぶ》なので、衣《ころも》を表《あらわ》す「衤（ころもへん）」がついています。「衣《ころも》」の字《じ》を細《ほそ》長《なが》くした形《かたち》です。神《かみ》を表《あらわ》す「礻（しめすへん）」と形《かたち》が似《に》ているので、注意《ちゅうい》して書《か》き分《わ》けましょう。

衤←衣

まる子《こ》っ
お姉《ねえ》ちゃん
ついにこの時《とき》が来《き》たね
うん
気《き》を引《ひ》きしめて
今年《ことし》もよろしくおねがいします
はいお年玉《としだま》
ありがとうございます
襟《えり》を正《ただ》してお年玉《としだま》をもらうふたりであった――

おうむ返《がえ》し

ごはんよー
ごはんよー

意味《いみ》 何《なに》も考《かんが》えないで、相手《あいて》のことばをそのままいい返《かえ》すこと。

解説《かいせつ》 「おうむ」は鳥《とり》のオウムのことで、「鸚鵡《おうむ》」と書《か》きます。「おうむ返《がえ》し」は、人間《にんげん》が話《はな》したことばを、オウムがそのままままねてしゃべるようすからできたことばです。オウムは熱帯原産《ねったいげんさん》で、日本《にほん》にはペットとして輸入《ゆにゅう》された鳥《とり》です。

使い方《つかいかた》 「久《ひさ》しぶり、元気《げんき》だった？」「久《ひさ》しぶり、元気《げんき》だった？」ついつい、おうむ返《がえ》しになる再会《さいかい》のあいさつだった。

山《やま》びこ

「ヤッホー！」といえば「ヤッホー！」……。これも一種《いっしゅ》のおうむ返《がえ》しですね。山《やま》の場合《ばあい》は「山《やま》びこ」といいます。「山《やま》びこ」はまるで山《やま》の神《かみ》さま「山彦《やまびこ》」が返事《へんじ》をしているようだということから名《な》づけられました。

ヤッホー
ヤッホー

恋《こい》って何《なに》かしら
恋《こい》って何《なに》かしら
ステキよね…恋《こい》って
ほんとステキよね…恋《こい》って
毎日《まいにち》がキラキラしてる
毎日《まいにち》がキラキラしてる
あいつら同《おな》じこといってて楽《たの》しいのかブー
ズバリ!!おうむ返《がえ》しでしょう!!
〜

大口《おおぐち》をたたく

意味《いみ》 えらそうに、大《おお》きなことをいう。

解説《かいせつ》 実力《じつりょく》もないのに、口《くち》ばかりえらそうなことをいっているようすです。「大口《おおぐち》」は大《おお》きく開《ひら》いた口《くち》、「たたく」はしゃべることです。「大《おお》きな口《くち》を利《き》く」ともいいます。また、左《ひだり》ページの「大風呂敷《おおぶろしき》を広《ひろ》げる」とも意味《いみ》が似《に》ています。

使《つか》い方《かた》 将来《しょうらい》、ノーベル賞《しょう》を取《と》るなんて大口《おおぐち》をたたいていないで、さっさと宿題《しゅくだい》をしてしまいなさい。

オレは将来《しょうらい》大物《おおもの》スターになってオープンカーに乗《の》ってやるんだ
はまじが大口《おおぐち》をたたいているね
うん
ズバリ!! 大物《おおもの》スターになるための実行計画《じっこうけいかく》を答《こた》えていただきましょう!!
え…と…
大口《おおぐち》は たたけても 実行計画《じっこうけいかく》は ない――

大船《おおぶね》に乗《の》ったよう

意味《いみ》 絶対《ぜったい》だいじょうぶだと、安心《あんしん》して身《み》を任《まか》せていられる。

解説《かいせつ》 沈《しず》む心配《しんぱい》のない大《おお》きな船《ふね》に乗《の》ったようだと、心《こころ》に余裕《よゆう》を持《も》って、頼《たよ》れるものに身《み》を任《まか》せているようすです。「親船《おやぶね》に乗《の》った気《き》」ともいいます。

使《つか》い方《かた》 わたくし、丸尾末男《まるおすえお》が学級委員《がっきゅういいん》になれば、このクラスのみなさんは、まるで大船《おおぶね》に乗《の》ったような気持《きも》ちになるでしょう。ぜひ、清《きよ》き一票《いっぴょう》を!

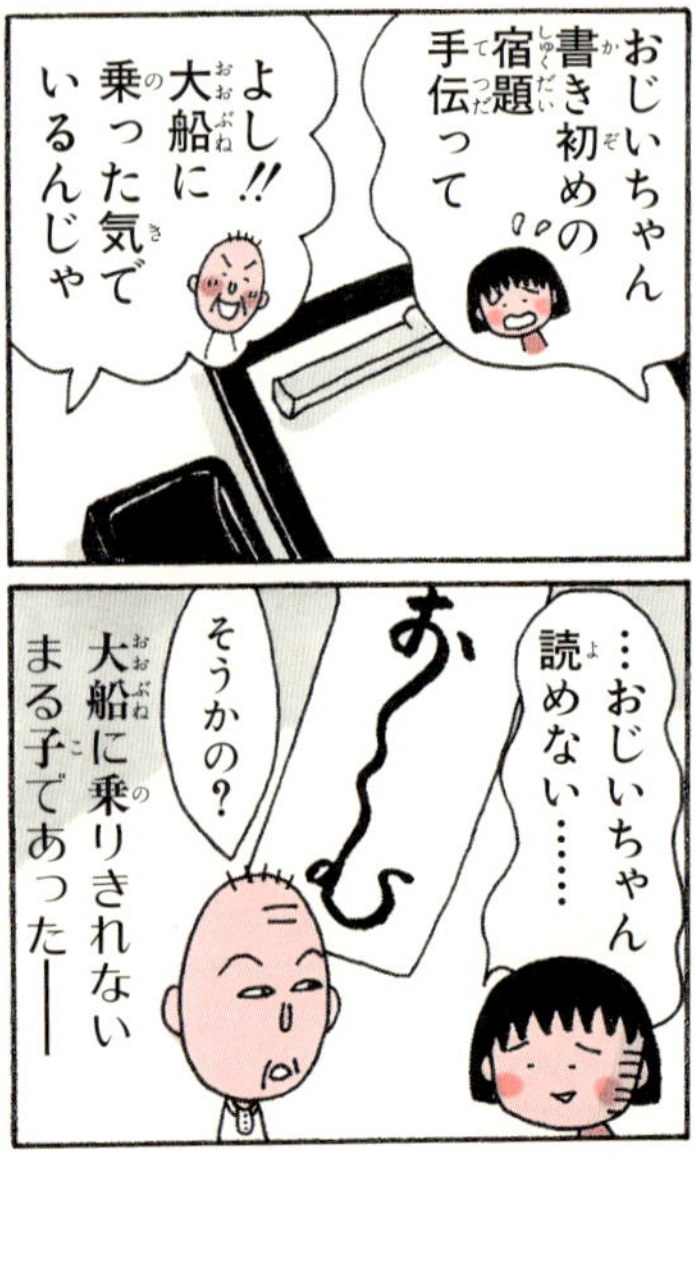
おじいちゃん書《か》き初《ぞ》めの宿題《しゅくだい》手伝《てつだ》って
よし!! 大船《おおぶね》に乗《の》った気《き》でいるんじゃや
…おじいちゃん読《よ》めない……
そうかの?
大船《おおぶね》に乗《の》りきれない まる子《こ》であった――

大《お》風《ぶ》呂《ろ》敷《しき》を広《ひろ》げる

意味《いみ》 実際《じっさい》にはとてもできそうもない大《おお》きなことを計画《けいかく》したり、しゃべったりする。

解説《かいせつ》 大《おお》きな風《ふ》呂《ろ》敷《しき》を広《ひろ》げて、中《なか》にとてつもない大《おお》きな物《もの》を入《い》れようとしているのです。そこから、実現《じつげん》できないような大《おお》げさなことを試《こころ》みているようすを「大《おお》風《ぶ》呂《ろ》敷《しき》を広《ひろ》げる」といいます。右《みぎ》ページにある「大口《おおぐち》をたたく」と似《に》ています。

使《つか》い方《かた》 全国《ぜんこく》に店《みせ》を出《だ》すなどと大《おお》風《ぶ》呂《ろ》敷《しき》を広《ひろ》げる前《まえ》に、まずこのひとつの店《みせ》をどうやっていくかが問題《もんだい》だ。

風《ふ》呂《ろ》敷《しき》

「風《ふ》呂《ろ》敷《しき》」は、昔《むかし》、お風《ふ》呂《ろ》に入《はい》るとき、脱《ぬ》いだ衣服《いふく》を包《つつ》んだり、また、ぬれた足《あし》をふいたりしたことから、この名《な》があります。小《ちい》さく折《お》りたためるし、きちんと包《つつ》めるので、便利《べんり》です。外国《がいこく》の人《ひと》にも重宝《ちょうほう》がられています。

まず 校庭《こうてい》のど真《ま》ん中《なか》から穴《あな》を掘《ほ》り始《はじ》め
どのくらい掘《ほ》るんだ?
100メートルぐらいだな 迷路《めいろ》のようなトンネルだ
なんのために?
ゴールの部屋《へや》にタイムカプセルをうめるためさ
おおーすげーー
ズバリ!! 大《おお》風《ぶ》呂《ろ》敷《しき》を広《ひろ》げすぎでしょう!!
…だな

おくびにも出《だ》さない

意味《いみ》
少《すこ》しも、口《くち》に出《だ》していったり、態度《たいど》に表《あらわ》したりしない。

解説《かいせつ》
「おくび」は、「げっぷ」のことです。自分《じぶん》の知《し》っていることや思《おも》っていることを、げっぷにも出《だ》さないという意味《いみ》で、口《くち》を固《かた》く閉《と》じて少《すこ》しもことばに出《だ》さない、態《たい》度《ど》に表《あらわ》さないというようすです。「おくびにも見《み》せない」という言《い》い方《かた》もあります。

使《つか》い方《かた》
お母《かあ》さんは、つらいようすをおくびにも出《だ》さないで、毎日《まいにち》せっせと働《はたら》いている。えらいなあ。

おくび

食事《しょくじ》をしたあとなどに、胃《い》の中《なか》にたまったガスが、口《くち》から音《おと》を立《た》てて出《で》ることがあります。これが「おくび」で、げっぷです。「あいき」ともいいます。漢字《かんじ》で表《あらわ》すと「**噯気**《あいき》」。また「**噯気**《おくび》」とも読《よ》みます。

おくび

花輪家《はなわけ》──
花輪《はなわ》クンのお母《かあ》さんキレイ♡
ほんとだね♡
はなれて暮《く》らしているのに花輪《はなわ》クンさみしいだろうね
うん…
まる子《こ》は知《し》っていた
お母《かあ》さんとの別《わか》れぎわ花輪《はなわ》クンが涙《なみだ》していたのを
えらいね花輪《はなわ》クン
さみしさをおくびにも出《だ》さない花輪《はなわ》クンであった──

お茶《ちゃ》をにごす

意味《いみ》 いいかげんな態度《たいど》で、その場《ば》をなんとかつくろって、ごまかす。

解説《かいせつ》 茶《ちゃ》の湯《ゆ》の作法《さほう》を知《し》らない人《ひと》が、茶会《ちゃかい》の席《せき》で適当《てきとう》にお茶《ちゃ》をたてて、なんとかごまかすことからできたことばといわれています。「にごす」は、ここでは、なんとかあいまいにしてしまうようすです。

使《つか》い方《かた》 難《むずか》しい英語《えいご》の質問《しつもん》を受《う》けたので、「アメリカには行《い》ったけれど、イギリスには行《い》ったことがないので…」と、なんとかお茶《ちゃ》をにごして、その場《ば》を立《た》ち去《さ》った。

茶《ちゃ》

日本人《にほんじん》として毎日《まいにち》の生活《せいかつ》に欠《か》かすことのできない「お茶《ちゃ》」。実《じつ》は「ちゃ」は、中国《ちゅうごく》から来《き》たことばです。日本《にほん》にもお茶《ちゃ》の木《き》はあったのですが、それが飲《の》み物《もの》に使《つか》えるとは知《し》らなかったので、呼《よ》び名《な》もなかったのです。

茶

終業式《しゅうぎょうしき》も終《お》わって
ただいまー
あら お帰《かえ》りなさい
聞《き》いてよ お母《かあ》さん 今日《きょう》 ブー太郎《たろう》が さあ
まる子《こ》 成績表《せいせきひょう》は?
…そのあと 教室《きょうしつ》で はまじが さあ…
まる子《こ》 成績表《せいせきひょう》
えーと… はまじが…
成績表《せいせきひょう》
お茶《ちゃ》をにごせなかったまる子《こ》であった―――

お眼鏡《めがね》にかなう

すばらしい
出来だ

意味《いみ》 目上《めうえ》の人《ひと》に、才能《さいのう》や人《ひと》がらなどを認《みと》められる。見《み》こまれる。

解説《かいせつ》 目上《めうえ》の人《ひと》に気《き》に入《い》られることです。ここの「眼鏡《めがね》」は、人《ひと》や物《もの》の値打《ねう》ちを見分《みわ》ける力《ちから》で、目上《めうえ》の人《ひと》の力《ちから》なので「お」がついています。

「かなう」は、ぴったり当《あ》てはまること。眼鏡《めがね》を外《はず》して「お目《め》にかなう」、「お」を外《はず》して「眼鏡《めがね》にかなう」という言《い》い方《かた》もあります。

使《つか》い方《かた》 素振《すぶ》り千回《かい》。毎日《まいにち》の努力《どりょく》のかいがあって、監督《かんとく》のお眼鏡《めがね》にかない、四番《よばん》バッターに抜《ばっ》てきされた。

殿《との》 この掛軸《かけじく》は いかがでしょう お眼鏡《めがね》にかなうと よいのですが
うむ すばらしい
ありがとう ございます
殿《との》 この まんじゅうを ご賞味《しょうみ》ください
まんじゅう なんぞ 食《く》いあきた
中身《なかみ》は 殿《との》の好物《こうぶつ》の マツタケを 入《い》れて おき ました
おおっ 何《なん》て気《き》が利《き》く
殿《との》の お眼鏡《めがね》にかなう 小杉《こすぎ》であった——

眼鏡《めがね》

「**眼鏡**《がんきょう》」は、特別《とくべつ》に「**めがね**」と読《よ》むことがゆるされています。たとえば、遠《とお》くを見《み》るための「望遠鏡《ぼうえんきょう》」や「双眼鏡《そうがんきょう》」のことを「**遠眼鏡**《とおめがね》」と呼《よ》ぶこともあります。そして、太陽《たいよう》の光《ひかり》をさえぎるサングラスは「**色眼鏡**《いろめがね》」です。

もっと知《し》りたい

「芝居《しばい》」の慣用句《かんようく》

慣用句《かんようく》コラム❷

昔《むかし》から人々《ひとびと》の楽《たの》しみのひとつに、観劇《かんげき》――芝居《しばい》をみることがありました。この「芝居《しばい》」にも、四字熟語《よじじゅく》語《ご》が使《つか》われています。

特《とく》にすぐれた役者《やくしゃ》は「**千両役者**《せんりょうやくしゃ》」です。「千両《せんりょう》」は、昔《むかし》のたいへんな額《がく》のお金《かね》のことで、千両《りょう》に値《あたい》する役者《やくしゃ》ということから、このことばができました。

客席《きゃくせき》から、「よっ、千両役者《せんりょうやくしゃ》！」と声《こえ》がかかるようになったら、大《だい》出世《しゅっせ》です。

「千両役者《せんりょうやくしゃ》」に比《くら》べて、残念《ざんねん》ながら下手《へた》な役者《やくしゃ》は「**大根役者**《だいこんやくしゃ》」です。野菜《やさい》の大根《だいこん》は食《しょく》あたりしないので当《あ》たらない（お客《きゃく》さんの評判《ひょうばん》がよくない）役者《やくしゃ》という意味《いみ》で使《つか》われています。略《りゃく》して「大根《だいこん》」とも呼《よ》ばれ、みじめです。

お猿《さる》さんの演芸《えんげい》もあります。これが「猿芝居《さるしばい》」で、いっしょうけんめい上手《じょうず》に演技《えんぎ》をしても、人間《にんげん》にはかないません。そこで、お猿《さる》さんには気《き》の毒《どく》ですが、すぐばれてしまうようなたくらみを「**猿芝居**《さるしばい》」とも呼《よ》びます。

芝居《しばい》を上演《じょうえん》することを「**芝居**《しばい》**を打**《う》**つ**」ともいいますが、このことばは、作《つく》り事《ごと》をして人《ひと》をだます意味《いみ》にも使《つか》われます。

なお、「芝居《しばい》」はもともと「芝生《しばふ》に設《もう》けた席《せき》（居《い》）」――見物席《けんぶつせき》からできたことばです。なんとも楽《たの》しそうです。

話《はなし》がそれますが、桃太郎《ももたろう》の話《はなし》の「おじいさんは、山《やま》へしば刈《か》りに……」の「しば」は、芝生《しばふ》の「しば」ではなく、たきぎにするための低《ひく》い雑木《ぞうき》の「柴《しば》」です。まちがえないようにしましょう。

慣用句《かんようく》クイズ③ 犬《いぬ》・猫《ねこ》がらみのいろいろ

？の中《なか》に入《はい》ることばは なぁに？ヒントの文字《もじ》と絵《え》をよく見《み》て答《こた》えてね！

1 飼《か》い犬《いぬ》に？をかまれる

【世話《せわ》をしたり、信用《しんよう》したりしていた者《もの》から裏切《うらぎ》られること】

日《ひ》ごろめんどうをみている飼《か》い犬《いぬ》に？をかまれることから。

2 猫《ねこ》の？も借《か》りたい

【忙《いそが》しすぎて、だれでもいいから手伝《てつだ》いがほしいようす】

実際《じっさい》には役《やく》に立《た》たない猫《ねこ》でもいいから手伝《て つだ》ってほしい、と思《おも》うほど忙《いそが》しいことから。

3 犬《けん》？の仲《なか》

【とても仲《なか》が悪《わる》いこと】

「犬《いぬ》と？」とも。犬《いぬ》と？は昔《むかし》から仲《なか》が悪《わる》いたとえに使《つか》われていることから。

4 窮《きゅう》？猫《ねこ》をかむ

【弱《よわ》い者《もの》でも、大《だい》ピンチに死《し》にものぐるいになれば、強《つよ》い者《もの》を打《う》ち負《ま》かすこともあるたとえ】

逃《に》げ場《ば》を失《うしな》った？も、必死《ひっし》になれば猫《ねこ》にかみつくことから。

5 犬《いぬ》も歩《ある》けば？に当《あ》たる

【何《なに》かしらやれば災難《さいなん》に出《で》あうこと。また逆《ぎゃく》に幸運《こううん》に出《で》あうこと】

もともとは、あちこちうろつく犬《いぬ》が人間《にんげん》が振《ふ》り回《まわ》す？に当《あ》たっ

◆◆◆ヒント◆◆◆

犬《いぬ》 棒《ぼう》 尾《お》
声《ごえ》(こえ) 猫《ねこ》 手《て》
猿《えん》(さる) 鼠《そ》(ねずみ)

※2回使用《かいしよう》する漢字《かんじ》もあります。

★答《こた》えは左《ひだり》ページにあります。

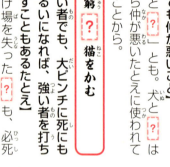

てたかれるという、災難《さいなん》にあう意味《いみ》。それが変化《へんか》して幸運《こううん》にあうことにも使《つか》われるようになった。

6 ？の遠《とお》ぼえ

【おくびょう者《もの》が、陰《かげ》でいばったり、悪口《わるくち》をいったりすること】

弱《よわ》い？は、強《つよ》そうな相手《あいて》を見《み》ると、遠《とお》くでほえたてることから。

7 借《か》りてきた？

【いつもとちがって、とてもおとなしいようす】

鼠《ねずみ》をとらせようと、よそから借《か》りてきた？が、いつもとちがっておとなしくしていることから。

8 犬《いぬ》が西《にし》向《む》きゃ？は東《ひがし》

【まったく当《あ》たり前《まえ》のこと】

犬《いぬ》が西《にし》を向《む》けば、しっぽは当然《とうぜん》東《ひがし》を向《む》くことから。

9 猫《ねこ》なで？

【相手《あいて》のごきげんをとるようなやさしい？】

猫《ねこ》をなつかせようと出《だ》すやさしい？からという説《せつ》と、なでられた猫《ねこ》があまえる？という説《せつ》がある。

あこがれのペット

犬《いぬ》も猫《ねこ》もかわいいよね
うん まる子《こ》も飼《か》いたいな
ペットは
飼《か》いません
どうしてさ まる子《こ》ちゃんと世話《せわ》するよ
ムリ ムリ
世話《せわ》できる人《ひと》はこんなに部屋《へや》を散《ち》らかさない
……

西
ワー
弱
強
お母《かあ》さぁん

答《こた》え

① 飼《か》い犬《いぬ》に手《て》をかまれる
② 猫《ねこ》の手《て》も借《か》りたい
③ 犬猿《けんえん》の仲《なか》
④ 窮鼠《きゅうそ》猫《ねこ》をかむ
⑤ 犬《いぬ》も歩《ある》けば棒《ぼう》に当《あ》たる
⑥ 犬《いぬ》の遠《とお》ぼえ
⑦ 借《か》りてきた猫《ねこ》
⑧ 犬《いぬ》が西《にし》向《む》きゃ尾《お》は東《ひがし》
⑨ 猫《ねこ》なで声《ごえ》

恩《おん》に着《き》る

恩《おん》に着《き》ます

意味《いみ》 人《ひと》から受《う》けた恩《おん》を、ありがたいと思《おも》う。

解説《かいせつ》 「着《き》る」は、ここでは身《み》に受《う》ける意味《いみ》ですが、大事《だいじ》なのは、ただ受《う》けるだけではなく、「ありがとう」と思《おも》う感謝《かんしゃ》の気持《きも》ちが入《はい》っていることです。そして、その受《う》けた恩《おん》に対《たい》してお返《かえ》しをするのが「恩返《おんがえ》し」です。

使《つか》い方《かた》 「お姉《ねえ》ちゃん、お願《ねが》い。恩《おん》に着《き》るから、夏休《なつやす》みの宿題《しゅくだい》手伝《てつだ》って」と、姉《あね》にすり寄《よ》って、ひたすらお願《ねが》いするまる子《こ》だった。

おばあさんだいじょうぶ？
急《きゅう》に腰《こし》が…
しっかりつかまってね
すまないね 恩《おん》に着《き》るわ
ペコ
恩《おん》に着《き》る？
ありがとうってことだよ
？
その夜《よる》
お母《かあ》さんおかわり
ハイハイ
ハイどうぞ
恩《おん》に着《き》ます
え？
さっそく使《つか》ってみるまる子《こ》であった——

恩《おん》に着《き》せる

「**恩《おん》に着《き》せる**」となったらどうでしょうか。せっかく相手《あいて》に親切《しんせつ》にしてやっているのに「ありがたく思《おも》え」という気《き》持《も》ちが入《はい》ります。どうも感心《かんしん》したことばではありません。

ありがたく思《おも》え

顔色《かおいろ》をうかがう

意味《いみ》 相手《あいて》の顔《かお》のようすから、心《こころ》の中《なか》のようすを探《さぐ》る。

解説《かいせつ》 今《いま》、どんな気持《きも》ちでいるのか、ごきげんはどうかなどと、相手《あいて》の表情《ひょうじょう》から相手《あいて》の心《こころ》の中《なか》を察《さっ》するのです。「うかがう」は、そっとようすを見《み》ることです。「顔色《かおいろ》を見《み》る」ともいいます。

使《つか》い方《かた》 すぐ宿題《しゅくだい》をしようか、それとも遊《あそ》びに行《い》こうか、お母《かあ》さんの顔色《かおいろ》をうかがってから決《き》めよう。

……お母《かあ》さーん……
なにっ
ひ
顔色《かおいろ》をうかがうまでもない母《はは》の顔《かお》であった——

片足《かたあし》をつっこむ

意味《いみ》 少《すこ》し関係《かんけい》している。

解説《かいせつ》 まるで、泥《どろ》の中《なか》に片足《かたあし》をつっこんでいるようだということで、あまりよくないことに関係《かんけい》しているようすを表《あらわ》しています。片足《かたあし》だけなので、「少《すこ》し」の意味《いみ》が加《くわ》わります。完全《かんぜん》に関係《かんけい》を持《も》つと「両《りょう》足《あし》をつっこむ」ことになります。

使《つか》い方《かた》 このごろ、彼《かれ》の行動《こうどう》は変《へん》だ。あやしげな団体《だんたい》に片足《かたあし》をつっこんでいなければいいのだが…。

今日《きょう》 5年生《ねんせい》が6年生《ねんせい》の男子《だんし》のイタズラに片足《かたあし》つっこんで先生《せんせい》に見《み》つかっておこられたんだって
何《なに》っ!!
5年生《ねんせい》で悪《あく》の道《みち》に片足《かたあし》をつっこむなんて……
なんてことだ…
いや…あの…
大《おお》げさである——

活《かつ》を入《い》れる

がんばれ!!

意味《いみ》 新《あたら》しい活気《かっき》を呼《よ》び起《お》こす。

解説《かいせつ》 「活《かつ》」は、柔道《じゅうどう》などで気《き》を失《うしな》った人《ひと》の息《いき》を吹《ふ》き返《かえ》らせる術《じゅつ》で、ここから「活《かつ》を入《い》れる」ということばができました。気持《きも》ちをぴしっとさせ、元気《げんき》づけるのです。「気合《きあ》いを入《い》れる」と同《おな》じです。おもに、弱《よわ》っているものや、動《うご》きがにぶいものに対《たい》して使《つか》います。

使《つか》い方《かた》 このところ、野球《やきゅう》の試合《しあい》は負《ま》けてばかりだ。以前《いぜん》の元気《げんき》をとりもどすように、このへんで活《かつ》を入《い》れて、チームを立《た》て直《なお》そう。

元気《げんき》な「活《かつ》」

漢字《かんじ》の「活《かつ》」のもともとの意味《い》は、勢《いきお》いよく動《うご》くことです。「**活動**《かつどう》」をはじめ、生《い》き生《い》きしているようすに使《つか》われます。「**活気**《かっき》・**活発**《かっぱつ》・**活躍**《かつやく》・**活火山**《かっかざん》」など、たくさんあります。生《い》き生《い》きした「**生活**《せいかつ》」もそうです。

イキ
イキ

まる子《こ》ー
朝《あさ》よ 起《お》きなさい
まる子《こ》ーー
早《はや》く しないと 間《ま》に合《あ》わないわよ
こらーー まる子《こ》ーー
いいかげんにしなさいっ!!!
ガバッ
はい!!
ーー
毎朝《まいあさ》 まる子《こ》に活《かつ》を入《い》れる お母《かあ》さんであったー

合点《がてん》が行《い》く

意味《いみ》 よくわかって、納得《なっとく》できる。

解説《かいせつ》 和歌《わか》や俳句《はいく》などを批評《ひひょう》する人《ひと》がすぐれた作品《さくひん》につけた印《しるし》を、「合点《がてん》」といったことからできたことばです。理由《りゆう》や事情《じじょう》などがわかり、うなずいて承知《しょうち》することです。そして、納得《なっとく》できないのは「合点《がてん》が行《い》かない」です。

フムフム
なるほど

使《つか》い方《かた》 あまりりっぱなお店《みせ》には見《み》えないのに、なぜ繁盛《はんじょう》するのだろう?と、つねづね思《おも》っていた。入《はい》ってみて、合点《がてん》が行《い》った。お店《みせ》の人《ひと》の態度《たいど》が、感《かん》じがよいからだ。

合点《がってん》

「合点《がてん》」は、「**合点《がってん》**」ともいいます。「がってん」だと、急《きゅう》にいせいがよくなって、「どっこい合点《がってん》だ!」などと使《つか》われます。承知《しょうち》する意味《いみ》をさらに強《つよ》めて「**合点《がってん》承知《しょうち》の助《すけ》**」などと、名前《なまえ》のような使《つか》われ方《かた》もあります。

どっこい合点《がってん》だ!!

ケン太《た》すげーな
ずいぶん上達《じょうたつ》したな
どうやったらあんなにうまくなるんだろう?
そうだな
夕方《ゆうがた》ひとりで練習《れんしゅう》するケン太《た》を見《み》て合点《がてん》が行《い》くふたりであった
なるほどな
がんばってるな

閑《かん》古《こ》鳥《どり》が鳴《な》く

意味《いみ》 人気《ひとけ》がなく、さびれて、ひっそりしているようす。

解説《かいせつ》 「閑《かん》古《こ》鳥《どり》」は「郭公《かっこう》」の別《べつ》の名《な》で、人里《ひとざと》から遠《とお》くはなれた奥深《おくぶか》い山《やま》などで鳴《な》く鳥《とり》です。そこで、人気《ひとけ》のない土地《とち》のさびしいようすや、また商売《しょうばい》などがはやらず、ひっそりしているようすを、「閑《かん》古《こ》鳥《どり》が鳴《な》く」といいます。

使《つか》い方《かた》 隣《となり》の町《まち》に大《おお》きなスーパーマーケットができたので、この町《まち》の商《しょう》店街《てんがい》は、閑《かん》古《こ》鳥《どり》が鳴《な》くように人通《ひとどお》りがなくなってしまった。

ひまだなー
だがし

閑《かん》古《こ》鳥《どり》と郭公《かっこう》

「閑《かん》古《こ》鳥《どり》」はカンコ・カンコと鳴《な》くことから名《な》づけられました。また、閑《かん》古《こ》鳥《どり》は「郭公《かっこう》」とも呼《よ》ばれます。鳴《な》き声《ごえ》が、カッコー・カッコーとも聞《き》こえるからです。人里《ひとざと》はなれた森林《しんりん》で聞《き》くと、いっそうさびしくなります。

だんご
お客《きゃく》がだれも来《こ》ないね
閑《かん》古《こ》鳥《どり》が鳴《な》いているね
だんごの味《あじ》もなかなかおいしいのに…
ちらしもたくさんまいたのに
なんでだろう?
場所《ばしょ》が問題《もんだい》である――

間《かん》髪《はつ》を入《い》れず

好《す》きな芸能人《げいのうじん》
ヒデキ

意味《いみ》 間《ま》を置《お》かないで、すぐに。とっさに。

解説《かいせつ》 髪《かみ》の毛《け》一本《ぽん》を入《い》れる隙間《すきま》もないということで、たいへんに短《みじか》い時《じ》間《かん》を表《あらわ》していることばです。「かんぱつを入《い》れず」ではなく、「かん・はつを入《い》れず」と読《よ》みます。注意《ちゅうい》しましょう。また、「間髪《かんはつ》を容《い》れず」という書《か》き方《かた》もあります。中国《ちゅうごく》から来《き》たことばです。

使い方《つかいかた》 母《はは》に「夕《ゆう》ご飯《はん》は何《なに》がいい？」と聞《き》かれ、「ハンバーグ！」と間髪《かんはつ》を入《い》れずに答《こた》えるまる子《こ》だった。

間一髪《かんいっぱつ》

髪《かみ》の毛《け》が一本《ぽん》だけ入《はい》る場合《ばあい》は「間一髪《かんいっぱつ》」といいます。入《はい》ったとしても一本《ぽん》なので、「間髪《かんはつ》を入《い》れず」同様《どうよう》、やはりたいへんに短《みじか》い時間《じかん》を表《あらわ》します。「危《あぶ》ないところを間一髪《かんいっぱつ》助《たす》かった」などと使《つか》います。

間一髪《かんいっぱつ》ブー

ここの問題《もんだい》がどうしても解《と》けない
ズバリ!! 足《た》し算《ざん》すればよいでしょう!!
たいくつだブ〜〜〜
ズバリ!! 読書《どくしょ》をすればよいでしょう
丸尾《まるお》くん 男子《だんし》が6年生《ねんせい》とけんかしてるよ〜〜〜
ズ…ズバリ!! 先生《せんせい》を呼《よ》んで来《く》るでしょう!!
ズバリ!! 間髪《かんはつ》を入《い》れずに答《こた》える丸尾《まるお》くんでしょう——

聞《き》き耳《みみ》を立《た》てる

意味《いみ》 話《はな》し声《ごえ》や物音《ものおと》などを、注意《ちゅうい》して聞《き》こうとする。

解説《かいせつ》 ここの「立《た》てる」は、耳《みみ》を高《たか》くしようとしているようすを表《あらわ》しています。そして、どんなに小《ちい》さい声《こえ》でも音《おと》でも、聞《き》きもらさないように、注意《ちゅうい》を集中《しゅうちゅう》しているのです。178ページの「耳《みみ》をそばだてる」と似《に》ています。

使《つか》い方《かた》 野口《のぐち》さんが、ひとりで何《なに》かブツブツいっている。聞《き》き耳《みみ》を立《た》ててみると、どうやら落語《らくご》の練習《れんしゅう》をしているようだ。

お母《かあ》さんたちの井戸端会議《いどばたかいぎ》
話《はな》は さらに もりあがる
あら そう なの
あら さくらさん 知らないの?
聞《き》き耳《みみ》を立《た》てる子《こ》どもたち
次《つぎ》の日《ひ》
ブー太郎《たろう》の誕生日《たんじょうび》プレゼントラジコンカーらしいよ
わたしもきいた
大人《おとな》の話《はなし》に聞《き》き耳《みみ》を立《た》てて案外情報通《あんがいじょうほうつう》な子《こ》どもたちである―

立《た》てる

「耳《みみ》」以外《いがい》にも、体《からだ》の部分《ぶぶん》を使《つか》った「立《た》てる」があります。「**顔《かお》を立《た》てる**」は、その人《ひと》の立場《たちば》を考《かんが》えて、名誉《めいよ》などを傷《きず》つけないようにすることです。困《こま》るのは「**腹《はら》を立《た》てる**」ですね。周《まわ》りがめいわくします。

踵《きびす》を返《かえ》す

意味《いみ》 あともどりする。引《ひ》き返《かえ》す。

解説《かいせつ》 「踵《きびす》」の字《じ》は、体《からだ》の重《おも》みがのしかかってくる足《あし》の部分《ぶぶん》を表《あらわ》しています。「かかと」です。このかかとを逆《ぎゃく》のほうに向《む》けるのが「踵《きびす》を返《かえ》す」です。「きびす」は、また「くびす」ともいうので、「踵《くびす》を返《かえ》す」ともいいます。足《あし》だけではなく、はきものの「かかと」の部分《ぶぶん》も指《さ》して使《つか》うことばです。

使《つか》い方《かた》 「しまった！ かばんを電車《でんしゃ》の中《なか》に忘《わす》れた」と、学生《がくせい》ふうの男性《だんせい》が踵《きびす》を返《かえ》してホームにもどった。

踵《きびす》を接《せっ》する

大勢《おおぜい》の人《ひと》が、あとからあとから続《つづ》いてくるようすを「**踵《きびす》を接《せっ》する**」といいます。かかととかかとのぶつかり合《あ》いです。物事《ものごと》が次々《つぎつぎ》に起《お》こるようすにも使《つか》います。ここも「**くびす**」といってもかまいません。

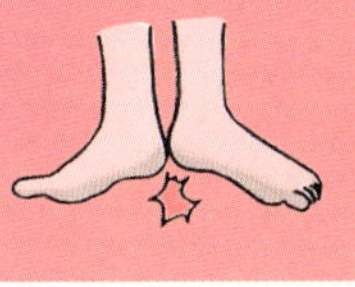

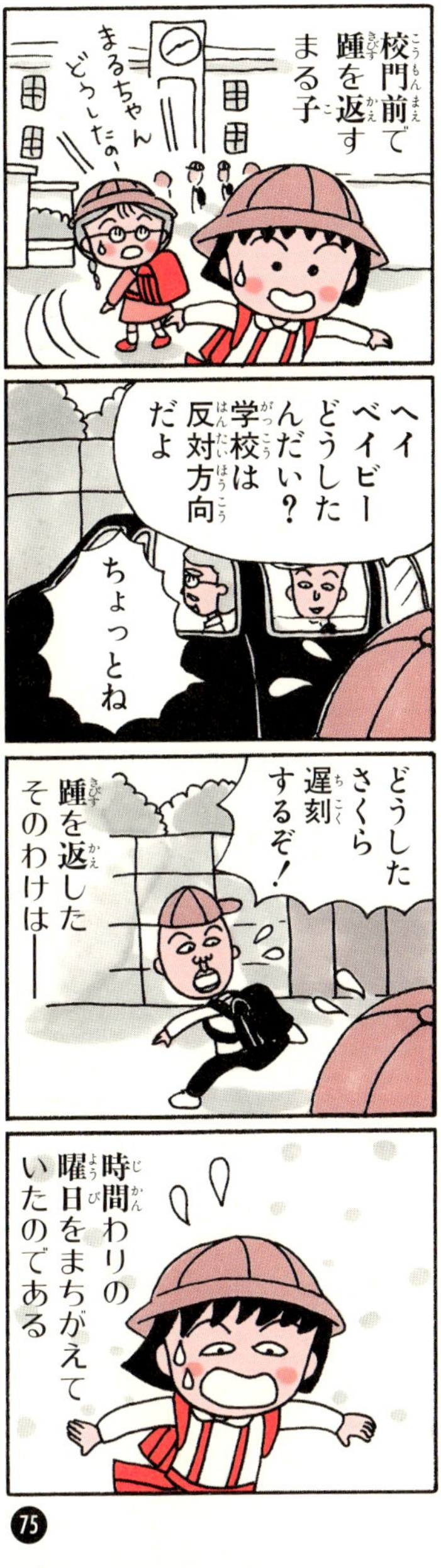

校門前《こうもんまえ》で踵《きびす》を返《かえ》すまる子《こ》
まるちゃんどうしたの、
ヘイベイビーどうしたんだい？学校《がっこう》は反対方向《はんたいほうこう》だよ
ちょっとね
どうしたさくら遅刻《ちこく》するぞ！
踵《きびす》を返《かえ》したそのわけは――
時間《じかん》わりの曜日《ようび》をまちがえていたのである

琴線《きんせん》に触《ふ》れる

意味《いみ》 心《こころ》の底《そこ》から感動《かんどう》する。

解説《かいせつ》 「琴線《きんせん》」は琴《こと》の糸《いと》です。心《こころ》に響《ひび》いた感動《かんどう》を、まるで心《こころ》の奥底《おくそこ》の琴《こと》の糸《いと》に触《ふ》れて、鳴《な》り響《ひび》いたようだとたとえているのです。琴《こと》の音《ね》はきれいなので、すばらしい感動《かんどう》をすてきな音色《ねいろ》に置《お》きかえたのです。「触《ふ》れる」は、軽《かる》く触《さわ》ることです。

使い方《つかいかた》 この小説《しょうせつ》は、琴線《きんせん》に触《ふ》れるところがいくつもあり、読《よ》んでいて涙《なみだ》が止《と》まらなかった。ぜひみなさんにも、この作品《さくひん》を読《よ》んで、感動《かんどう》を味《あじ》わってほしい。

おじいちゃーん
いい話《はなし》だったね
心《こころ》の琴線《きんせん》に触《ふ》れるぐらいいい話《はなし》だったわ
まる子《こ》ももっとおじいちゃんを大切《たいせつ》にしなきゃね
うん
おじいちゃん
今《いま》からまる子《こ》が感謝状《かんしゃじょう》を贈《おく》ります
え？
まる子《こ》の大好《だいす》きなおじいちゃんあなたは世界一《せかいいち》のおじいちゃんです
おじいちゃんの琴線《きんせん》に触《ふ》れる感謝状《かんしゃじょう》であった——

琴《きん》

もともと、「琴《きん》」は糸《いと》を張《は》った楽器《がっき》でしたが、外国《がいこく》から来《き》た楽器《がっき》には、糸《いと》がないのに「琴《きん》」の名《な》をつけたものがあります。アコーディオンは「**手風琴《てふうきん》**」。シロホンは「**木琴《もっきん》**」です。金属《きんぞく》の板《いた》の場合《ばあい》は「**鉄琴《てっきん》**」となります。

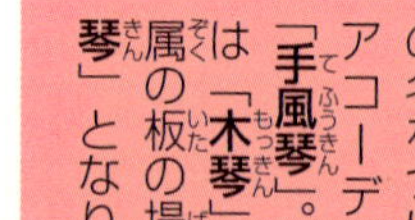

ぐうの音《ね》も出《で》ない

意味《いみ》 一言《ひとこと》もいい返《かえ》せない。

解説《かいせつ》 「ぐうの音《ね》」は、苦《くる》しいときに出《で》るうめき声《ごえ》です。その声《こえ》すら出《で》ないということで、相手《あいて》に打《う》ちのめされてしまい、なんの抵抗《ていこう》も言《い》い訳《わけ》もできない状態《じょうたい》です。完全《かんぜん》に降参《こうさん》です。「一言《いちごん》もない」という言《い》い方《かた》もあります。

使《つか》い方《かた》 そうじ用具《ようぐ》で遊《あそ》んでいた関口《せきぐち》は、当番《とうばん》の前田《まえだ》さんに注意《ちゅうい》されて、ぐうの音《ね》も出《で》なかった。

お姉《ねえ》ちゃん 30円《えん》貸《か》して
いいわよ
先月《せんげつ》貸《か》した 150円《えん》 返《かえ》して もらってからね
ハッ
ぐうの音《ね》も出《で》ない まる子《こ》であった――

苦杯《くはい》をなめる

意味《いみ》 思《おも》いどおりの結果《けっか》にならず、つらい経験《けいけん》をする。

解説《かいせつ》 「苦杯《くはい》」は、苦《にが》い酒《さけ》を満《み》たした杯《さかずき》です。苦《にが》い酒《さけ》を味《あじ》わうという意味《いみ》で、苦《くる》しい思《おも》いをすることをたとえています。同《おな》じ意味《いみ》のことばに「苦杯《くはい》を喫《きっ》する」「苦汁《くじゅう》をなめる」があります。

使《つか》い方《かた》 優勝候補《ゆうしょうこうほ》といわれたのに、途中《とちゅう》で味方《みかた》にけが人《にん》が出《で》て、苦杯《くはい》をなめる結果《けっか》になった。

ワーワー
ケン太《た》くん 1位《い》です
しかし…
パク
食欲《しょくよく》の差《さ》で 苦杯《くはい》をなめる ケン太《た》であった――

逆鱗《げきりん》に触《ふ》れる

意味《いみ》 えらい人《ひと》や目上《めうえ》の人《ひと》を、はげしく怒《おこ》らせてしまう。

解説《かいせつ》 「逆鱗《げきりん》」とは、竜《りゅう》ののどの下《した》に、一枚《まい》だけ逆《さか》さに生《は》えている鱗《うろこ》のことで、これに触《さわ》ると竜《りゅう》が怒《いか》り出《だ》すといわれています。もともとは、国《くに》を治《おさ》める天子《てんし》を竜《りゅう》にたとえ、天子《てんし》をおこらせてしまうようすに使《つか》われていました。中国《ちゅうごく》から来《き》たことばです。

使い方《つかいかた》 社長《しゃちょう》に意見《いけん》をのべるときは、くれぐれも逆鱗《げきりん》に触《ふ》れないように、慎重《しんちょう》にことばを選《えら》びなさい。

鱗《うろこ》

「鱗《うろこ》」は、魚類《ぎょるい》や爬虫類《はちゅうるい》の体《からだ》の表面《ひょうめん》をおおっています。その形《かたち》が三角《さんかく》に見《み》えるので、三角形《さんかくけい》の文様《もんよう》を「**鱗形《うろこがた》**」とも呼《よ》びます。鱗《うろこ》の形《かたち》がきれいに並《なら》んでいる雲《くも》が「**鱗雲《うろこぐも》**」です。「**いわし雲**」ともいいますね。

ねぇ まる子《こ》にも まんが 貸《か》してよー
いやよ あんた よごすから
よごさないから 貸《か》して
いや
いいじゃん 貸《か》してよー
やめてよ
ビリ
あ
そして お姉《ねえ》ちゃんの逆鱗《げきりん》に 触《ふ》れるまる子《こ》であったー

檄《げき》を飛《と》ばす

意味《いみ》 意見《いけん》や主張《しゅちょう》を多《おお》くの人《ひと》にうったえ、賛成《さんせい》してもらう。

解説《かいせつ》 「檄《げき》」は、昔《むかし》の中国《ちゅうごく》で人々《ひとびと》に知《し》らせるために、役所《やくしょ》が出《だ》した木《き》の札《ふだ》です。それが、自分《じぶん》の考《かんが》えを広《ひろ》く知《し》ってもらい、人々《ひとびと》の賛同《さんどう》を得《え》るための文書《ぶんしょ》として使《つか》われるようになりました。その文書《ぶんしょ》を「檄文《げきぶん》」、また「触《ふ》れ文《ぶみ》」ともいいます。

使《つか》い方《かた》 戦争《せんそう》のない世界平和《せかいへいわ》を実現《じつげん》するために、全世界《ぜんせかい》の国々《くにぐに》に檄《げき》を飛《と》ばして、世界中《せかいじゅう》の人々《ひとびと》の支持《しじ》を得《え》るようにはできないものかなあ。

「激《げき》」を飛《と》ばす？

最近《さいきん》、「**檄《げき》を飛《と》ばす**」を激励《げきれい》する意味《いみ》に使《つか》うことが多《おお》くなりました。「**檄《げき》**」と「**激《げき》**」の字《じ》がよく似《に》ているからです。けれど残念《ざんねん》、まちがいです。「激《げき》を飛《と》ばす」と書《か》かないよう注意《ちゅうい》しましょう。

激　檄

わたくし 丸尾末男《まるおすえお》は みなさまが 明《あか》るく楽《たの》しく 元気《げんき》よく 学校《がっこう》 生活《せいかつ》を 送《おく》れるよう 陰《かげ》ながら努《つと》めて まいりました
今日《きょう》も 檄《げき》を飛《と》ばし ているね
そうだな よく やるよな… 丸尾《まるお》のやつ…
さらに檄《げき》を飛《と》ばす 丸尾《まるお》くん
そして わたくしが理想《りそう》 とする クラス 作《づく》りを 必《かなら》ずや 実現《じつげん》させて…
ペラ ペラ
…聞《き》いてるの 1年生《ねんせい》だけ だね
学級委員選《がっきゅういいんせん》には 関係《かんけい》ない のにな…
それでも檄《げき》を飛《と》ばす 丸尾《まるお》くんであった——

け

けれんみがない

意味《いみ》

ごまかしや、大《おお》げさなところがない。

解説《かいせつ》

「けれんみ」は、漢字《かんじ》で「外連《けれん》味《み》」と書《か》きます。「外連《けれん》」は本筋《ほんすじ》から外《はず》れることで、芝居《しばい》で受《う》けをねらった、見《み》た目《め》で意表《いひょう》をつく演《えん》技《ぎ》などを指《さ》します。そのような奇《き》抜《ばっ》さや、はったりのないようすが「けれんみがない」です。

使い方《つかいかた》

のど自慢《じまん》で優勝《ゆうしょう》したこともあるあの歌手《かしゅ》の歌声《うたごえ》は、けれんみがない節回《ふしまわ》しが魅力《みりょく》だ。いつ聞《き》いても、うっとりと聞《き》きほれてしまう。

けれんみ
ない

○○味《み》

「**けれんみ**」の「**味**《み》」は、舌《した》で感《かん》じる味《あじ》わいではなく、心《こころ》で感《かん》じる味《あじ》わいです。いやな感《かん》じは「**いやみ**」です。おもしろく感《かん》じるのは「**おもしろみ**」です。そして、いかにも人間《にんげん》らしいと感《かん》じる温《あたた》かさは「**人間味**《にんげんみ》」です。

けれんみ

見《み》た目《め》は素朴《そぼく》だよね
大《おお》げさでもないし…
ズバリ!! けれんみがないでしょう!!
ボクにはマネができないね
山田《やまだ》にしか作《つく》れないね
うん うん
天才《てんさい》かも知《し》れないね
ねんど作品 「とり」山田
けれんみがない山田《やまだ》の作品《さくひん》である——

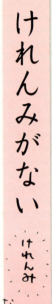

もっと知《し》りたい

慣用句《かんようく》コラム③

人《ひと》の名前《なまえ》が入《はい》った慣用句《かんようく》

物《もの》にぶつかって、もっとも「痛《いた》い！」と感《かん》じるところは、体《からだ》のどこでしょうか。足《あし》のすねの前《まえ》の部《ぶ》分《ん》「向《む》こうずね」です。ここを打《う》つと、さすがの豪傑弁慶《ごうけつべんけい》でさえ涙《なみだ》を流《なが》すということから、向《む》こうずねのことを「**弁慶《べんけい》の泣《な》き所《どころ》**」といいます。そして、強《つよ》い者《もの》のただひとつの弱点《じゃくてん》の意味《いみ》にも使《つか》われます。

弁慶《べんけい》の最期《さいご》はりっぱでした。主《しゅ》君源義経《くんみなもとのよしつね》を守《まも》るため、体中《からだじゅう》に矢《や》を浴《あ》びながらも、倒《たお》れないままで息《いき》を引《ひ》き取《と》ったといわれます。これが「**弁慶《べんけい》の立《た》ち往生《おうじょう》**」です。「往《おう》生《じょう》」は死《し》ぬことです。今《いま》では、歩《ある》いているときや車《くるま》に乗《の》っているとき、事故《じこ》などで動《うご》けなくなってしまった状態《じょうたい》を「**立《た》ち往生《おうじょう》**」としてよく使《つか》われています。

本名《ほんみょう》ではなく、ことばの調子《ちょうし》に合《あ》わせて、人名《じんめい》らしく作《つく》られたことばもあります。「**やけのやん八《ぱち》**」「**平気《へいき》の平左《へいざ》**」などです。「やけ」「平《へい》気《き》」に合《あ》わせて、人《ひと》の名前《なまえ》のように「やん八《ぱち》」「平左《へいざ》」をくっつけたのです。これによって調子《ちょうし》が上《あ》がり、意味《いみ》が強《つよ》まるのです。

こういうところが、ことばのおもしろさです。

知《し》らんぷりをする「**知《し》らぬ顔《かお》の半兵衛《はんべえ》**」、小言《こごと》ばかりいう「**小言《こごと》幸兵衛《こうべえ》**」などの呼《よ》び名《な》は、ほんとうにその名《な》を持《も》っている半兵衛《はんべえ》さんや幸兵衛《こうべえ》さんは怒《おこ》るでしょうね。

最後《さいご》に威勢《いせい》のいい例《れい》をひとつ—「**おっと合点承知《がってんしょうち》の助《すけ》**」。相手《あいて》の願《ねが》いを快《こころよ》く受《う》け入《い》れることで、いったほうもいわれたほうも、気持《きも》ちがすっきりします。

弁慶《べんけい》

慣用句《かんようく》クイズ④ 鳥《とり》がらみのいろいろ

？の中《なか》に入《はい》ることばは なぁに？ヒントの文字《もじ》と絵《え》をよく見《み》て答《こた》えてね！

1 能《のう》ある鷹《たか》は ？ をかくす

【能力《のうりょく》のある人《ひと》は、ふだんはその力《ちから》をひけらかすことはない】

有能《ゆうのう》な鷹《たか》は、ふだんはその鋭《するど》い ？ をかくしておくことから。

2 千鳥《ちどり》 ？

【お酒《さけ》によった人《ひと》が、左右《さゆう》によろめきながら進《すす》む歩《ある》き方《かた》】

よっぱらいの歩《ある》き方《かた》が、左右《さゆう》によろけるような千鳥《ちどり》の歩《ある》き方《かた》に似《に》ていることから。

3 ？ づかみ

【指《ゆび》を広《ひろ》げた手《て》で、乱暴《らんぼう》に物《もの》をつかむこと】

鷹《たか》の仲間《なかま》である ？ が、指《ゆび》を広《ひろ》げて獲物《えもの》を荒々《あらあら》しくつかむことから。

4 立《た》つ鳥《とり》 ？ をにごさず

【立《た》ち去《さ》るときは、あと始末《しまつ》をきちんとして、引《ひ》きぎわはきれいにすべきだということ】

水鳥《みずとり》が飛《と》び立《た》つとき、水《みず》をにごさずに飛《と》び立《た》つことから。

5 飛《と》ぶ ？ を落《お》とす勢《いきお》い

【権力《けんりょく》や勢力《せいりょく》があまりにも強大《きょうだい》なこと】

飛《と》んでいる ？ さえも落《お》としてしまうような勢《いきお》いがあることから。

◆◆◆ヒント◆◆◆

爪《つめ》	烏《からす》	石《せき(いし)》
鳶《とんび(とび)》	鳥《とり》	跡《あと》
足《あし》	鷲《わし》	肌《はだ》

★答《こた》えは左《ひだり》ページにあります。

6 一《いっ》[?]二鳥《にちょう》

【ひとつのことをして、ふたつの利益《りえき》を同時《どうじ》に得《え》ること】

有名《ゆうめい》な四字熟語《よじじゅくご》だが、これはもともと、イギリスのことわざを訳《やく》したもの。ひとつの[?]で、二羽《わ》の鳥《とり》をしとめたことから。

7 鳥《とり》[?]が立《た》つ

【寒《さむ》さや恐怖《きょうふ》をおぼえて、ぞっとすること】

皮《ひ》ふが、鳥《とり》の毛《け》をむしったあとのようなぶつぶつになることから。

8 [?]に油揚《あぶらあ》げをさらわれる

【自分《じぶん》の大事《だいじ》なものを、横《よこ》から不意《ふい》にうばわれること】

空高《そらたか》く、くるりと輪《わ》をかきながら飛《と》んでいる[?]が急降下《きゅうこうか》してきて油揚《あぶらあ》げをさらっていく意味《いみ》から。

9 [?]の行水《ぎょうずい》

【お風呂《ふろ》に入《はい》っている時間《じかん》が、きわめて短《みじか》いことのたとえ】

鳥《とり》は寄生虫《きせいちゅう》を防《ふせ》ぐために、よく水浴《みずあ》びをするのだが、[?]の水浴《みずあ》びは、とても時間《じかん》が短《みじか》いことから。

小杉《こすぎ》と卵《たまご》

スズメの卵《たまご》は2センチぐらいなんだよ
へぇ
比《くら》べてダチョウの卵《たまご》は20センチぐらいなんだ
大《おお》きいね
ダチョウの卵《たまご》で目玉焼《めだまや》きを作《つく》ったらすごいだろうね
はぁ
うまそ〜
……

答《こた》え

①能《のう》ある鷹《たか》は爪《つめ》をかくす
②千鳥足《ちどりあし》　③鷲《わし》づかみ
④立《た》つ鳥跡《とりあと》をにごさず
⑤飛《と》ぶ鳥《とり》を落《お》とす勢《いきお》い
⑥一石二鳥《いっせきにちょう》　⑦鳥肌《とりはだ》が立《た》つ
⑧鳶《とんび》に油揚《あぶらあ》げをさらわれる
⑨烏《からす》の行水《ぎょうずい》

ぐわし
ササ
あ

業《ごう》を煮《に》やす

意味《いみ》 思《おも》いどおりにならなくて、いらいらする。

解説《かいせつ》 腹《はら》の中《なか》で、怒《いか》りが煮《に》えたぎっているようすを表《あらわ》します。「業《ごう》」は仏《ほとけ》の報《むく》いで、悪《わる》い行《おこな》いをすると火《ひ》で焼《や》かれます。その火《ひ》を「業火《ごうか》」といい、まるで腹《はら》の中《なか》で業火《ごうか》が燃《も》えているように腹立《はらだ》たしいことを「業腹《ごうはら》」といいます。業《ごう》は業腹《ごうはら》の略《りゃく》で、「業《ごう》を煮《に》やす」と使《つか》います。

使い方《つかいかた》 かたづけても、すぐに散《ち》らかしてしまうまる子《こ》に業《ごう》を煮《に》やして、姉《あね》は部屋《へや》を出《で》ていってしまった。

まる子《こ》 速《はや》く 歩《ある》いて!!
暑《あつ》いんだから そんなに せかさないでよ
買《か》い物《もの》が 終《お》わったら3時《じ》に 友《とも》だちと 待《ま》ち合《あ》わせ してるん だから
もう 歩《ある》けないよ
もう いいかげん にしてよ
あっ アイスだ! 買《か》って買《か》って
アイス
イラ
イラ
イラ
まる子《こ》の態度《たいど》に 業《ごう》を煮《に》やす お姉《ねえ》ちゃんであった

自業自得《じごうじとく》

「業火《ごうか》」のような「業《ごう》」のつくことばには、「自業自得《じごうじとく》」というのもあります。自分《じぶん》がした行《おこな》いの結果《けっか》が、自分《じぶん》の身《み》にふりかかってくることです。ぜひともおぼえておきたい四字熟語《よじじゅくご》です。

自業自得《じごうじとく》よ

こ

腰《こし》が引《ひ》ける

前

意味《いみ》 前《まえ》へ進《すす》んでいこうとする気《き》になれない。

解説《かいせつ》 頭《あたま》や心《こころ》では、しなければいけないと思《おも》っていても、腰《こし》が後《うし》ろへ引《ひ》いてしまい、足《あし》がなかなか前《まえ》へ出《で》ないのです。似《に》たことばに「及《およ》び腰《ごし》になる」があります。腰《こし》を曲《ま》げて、つま先《さき》で立《た》つという不安定《ふあんてい》な姿勢《しせい》をとることで、おどおどするようすを表《あらわ》します。

使《つか》い方《かた》 引《ひ》っ込《こ》み思案《じあん》なぼくが、学級委員《がっきゅういいん》候補《こうほ》になるなんて、腰《こし》が引《ひ》けてとても引《ひ》き受《う》けられない。

気《き》が引《ひ》ける

「引《ひ》ける」がついている慣用句《かんようく》には、「気《き》が引《ひ》ける」もあります。なんとなく申《もう》しわけなく思《おも》って、相手《あいて》に遠慮《えんりょ》したい気持《きも》ちになることです。このページで紹介《しょうかい》した「腰《こし》」と「気《き》」は、どれも積極性《せっきょくせい》がありません。

ヒューヒュー
まる子
はまじ
ハァ
はまじとうわさになるなんて登校《とうこう》する腰《こし》が引《ひ》けるよ…
トボトボ
おはようはまじ…学校《がっこう》行《い》きたくないね
ああ…まったく腰《こし》が引《ひ》けるぜ
トボ
トボ
トボ
ヒューヒュー
おふたりさんそろって登校《とうこう》なんて
しまった
腰《こし》が引《ひ》けた結果《けっか》さらにからかわれるふたりであった――

後《ご》手《て》に回《まわ》る

後手
ササ

意味《いみ》 相《あい》手《て》に先《さき》を越《こ》され、こちらが不《ふ》利《り》になる。

解説《かいせつ》 「後《ご》手《て》」は、囲《い》碁《ご》や将《しょう》棋《ぎ》で、あとから打《う》ったり指《さ》したりすることです。たとえば戦《いくさ》の場《ば》合《あい》、敵《てき》から先《さき》に攻《せ》められると、守《まも》りの形《かたち》になるため、どうしても不《ふ》利《り》になります。これが「後《ご》手《て》に回《まわ》る」で、「後《おく》れを取《と》る」ともいいます。

使い方《つかいかた》 ライバル会《がい》社《しゃ》が、わが社《しゃ》よりも早《はや》く新《しん》製《せい》品《ひん》を発《はっ》表《ぴょう》した。後《ご》手《て》に回《まわ》ったわが社《しゃ》は、苦《く》戦《せん》を強《し》いられている。何《なに》か打《う》つ手《て》はないものか。

「先《せん》手《て》を取《と》る」

「**後《ご》手《て》**」に対《たい》して、先《さき》に攻《せ》めることを「**先《せん》手《て》**」といい、「**先《せん》手《て》を取《と》る**」と使《つか》います。後《ご》手《て》のほうが不《ふ》利《り》になるのに対《たい》し、先《せん》手《て》は有《ゆう》利《り》になるので、四《よ》字《じ》熟《じゅく》語《ご》で「**先《せん》手《て》必《ひっ》勝《しょう》**」といいます。必《かなら》ず勝《か》てるという意《い》味《み》です。

パシ
先手

朝《あさ》の会《かい》でひとりずつ話《はなし》をしなきゃいけないんだよね
まる子《こ》は遠《えん》足《そく》の話《はなし》をするよ
そのネタもらった!!
えーーズルイはまじ
先《せん》手《て》必《ひっ》勝《しょう》だぜ いつも男《だん》子《し》から発《はっ》表《ぴょう》するもんな
ブー
そしてーー
今日《きょう》は女《じょ》子《し》から発《はっ》表《ぴょう》してもらいましょう
結《けっ》果《か》 後《ご》手《て》に回《まわ》ることになったはまじであったーー

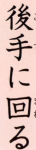

小耳《こみみ》にはさむ

意味《いみ》 ふと、耳《みみ》にする。ちらりと聞《き》く。

解説《かいせつ》 いっしょうけんめいに聞《き》こうとして聞《き》くのではなく、話《はなし》などがちらりと耳《みみ》に入《はい》ってくるのが「小耳《こみみ》にはさむ」です。聞《き》くとはなしに聞《き》いてしまうのです。ここの「小《こ》」は、ちょっと聞《き》くようすの「ちょっと」を表《あらわ》しています。同《おな》じような意味《いみ》で、ただの「耳《みみ》にはさむ」という言《い》い方《かた》もあります。

使《つか》い方《かた》 うちのクラスに転校生《てんこうせい》が来《く》るといううわさを、小耳《こみみ》にはさんだ。どんな子《こ》か、今《いま》から楽《たの》しみだ。

「口《くち》をはさむ」

「小耳《こみみ》にはさむ」のような、顔《かお》の部分《ぶぶん》を使《つか》った「はさむ」には、「**口《くち》をはさむ**」があります。ほかの人《ひと》が話《はな》している途中《とちゅう》に割《わ》りこんで、話《はなし》を始《はじ》めるのです。鳥《とり》の口《くち》を使《つか》った「**くちばしをはさむ**」という言《い》い方《かた》もあります。

お姉《ねえ》ちゃん ちょいと 小耳《こみみ》に はさんだん だけど
なに なに？
お姉《ねえ》ちゃんの クラスの ○○さんって △△くんのこと 好《す》きなん だって？
あんた よく 知《し》ってるわねぇ
わたしも 小耳《こみみ》に はさんだん だけど… あんた はまじと うわさに なってるん だって？
そんなこと 小耳《こみみ》に はさんで お姉《ねえ》ちゃんも けっこう ヒマ人《じん》だね
人《ひと》のことは いえない まる子《こ》であった――

様《さま》になる

意味《いみ》 見《み》た感《かん》じが整《ととの》っていて、それらしくなる。

解説《かいせつ》 「様《さま》」は「ようす」のことで、それらしいようすになるのが「様《さま》になる」です。かっこうがつくのです。反対《はんたい》に、かっこうがつかないのは「様《さま》にならない」です。服装《ふくそう》が似合《にあ》わないだけでなく、なんとなくぎこちない動作《どうさ》にも「様《さま》にならない」と使《つか》います。

使い方《つかいかた》 二学期《がっき》にもなると、ランドセルを背負《せお》って通学路《つうがくろ》を行《い》く、一年生《ねんせい》の姿《すがた》が様《さま》になってきた。

様《ざま》 ようすを表《あらわ》す「様《さま》」を「様《ざま》」と使《つか》うと、汚《きたな》くなります。「**ざまあみろ**」ということばを、よく聞《き》きますね。これは、自分《じぶん》のみじめな姿《すがた》を見《み》ろという「**様《ざま》を見《み》ろ**」からできたことばです。使《つか》うのは、あまり感心《かんしん》できません。

ざまあみろ

花輪《はなわ》クンの王子様役《おうじさまやく》なかなか様《さま》になってるね
うんうん
キャーキャー
たまちゃんのくまもなかなかいいね
まるちゃんも似合《にあ》ってるよ
わたしのひめ役《やく》も様《さま》になってるでしょ
うふ
う…うん…
しかしだれよりも一番《いちばん》様《さま》になっているのは魔女役《まじょやく》の野口《のぐち》さんだとまる子《こ》は考《かんが》えるのであった——

三拍子《さんびょうし》そろう

意味《いみ》 必要《ひつよう》な、三《みっ》つの大事《だいじ》な条件《じょうけん》がそろっている。

解説《かいせつ》 能楽《のうがく》で、小鼓《こつづみ》・大鼓《おおつづみ》・笛《ふえ》（または太鼓《たいこ》）の調子《ちょうし》がそろうことを表《あらわ》していることばです。そこから、必要《ひつよう》な条件《じょうけん》が三《みっ》つそろうたとえとして使《つか》われるようになりました。三《みっ》つの必要《ひつよう》な条件《じょうけん》を満《み》たして、「完全《かんぜん》だ」という意味《いみ》です。なお、もとは「三拍子《さんびょうし》」といっていました。

使《つか》い方《かた》 打《う》ってよし、守《まも》ってよし、走《はし》ってよし。野球《やきゅう》のうまい彼《かれ》は、三拍子《さんびょうし》そろった名選手《めいせんしゅ》だ。

心《しん》・技《ぎ》・体《たい》

人間《にんげん》として大事《だいじ》な三《みっ》つの条件《じょうけん》は、「心《しん》・技《ぎ》・体《たい》」です。「心《しん》」は精神力《せいしんりょく》、「技《ぎ》」は技能《ぎのう》、「体《たい》」は体力《たいりょく》です。武道《ぶどう》や相撲《すもう》の世界《せかい》では特《とく》に、この三拍子《さんびょうし》がそろうことが、たいへん重要《じゅうよう》であるといわれています。

心
技
体

花輪《はなわ》クンはいいよな顔《かお》よし性格《せいかく》よしお金持《かねも》ちと三拍子《さんびょうし》そろってて
えっ
お金持《かねも》ちといっても親《おや》がそうであってボク自身《じしん》が持《も》っているわけではないからね
そんなにけんそんすることないよ
たとえお金持《かねも》ちを取《と》りのぞいたとしても花輪《はなわ》クンはボクよりはるかに上《うえ》さ
きみにだって三拍子《さんびょうし》そろったところがあるさ
じゃあ教《おし》えてくれよ…ボクの三拍子《さんびょうし》そろったところ
…えっと
ことばにつまる花輪《はなわ》クンであった——

さ

思案《しあん》に暮《く》れる

なやむ
なやむ
なやむ

意味《いみ》 どうしたらよいか、思《おも》いなやむ。いくら考《かんが》えても、よい考《かんが》えが浮《う》かばなくて、なやんでいるようすです。

解説《かいせつ》 「思案《しあん》」はあれこれ考《かんが》えること、「暮《く》れる」は迷《まよ》い続《つづ》け、なやみ続《つづ》けることです。似《に》た慣用句《かんようく》に「思案《しあん》に余《あま》る」があります。

使《つか》い方《かた》 目《め》に入《い》れても痛《いた》くない、かわいいまる子《こ》に「お寿司《すし》を食《た》べにつれてって」とせがまれて、財布《さいふ》をのぞいては思案《しあん》に暮《く》れる友蔵《ともぞう》であった。

うーん
うーん
まる子《こ》どうしたの？
勉強《べんきょう》しないとおこられるでもまんがを読《よ》みたい…
勉強《べんきょう》するかまんがを読《よ》んでおこられるか…
思案《しあん》に暮《く》れるまる子《こ》であった――

敷居《しきい》が高《たか》い

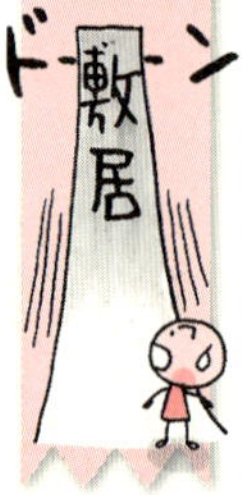
ドーン
敷居

意味《いみ》 めいわくをかけたり、失礼《しつれい》をしてしまったりして、その人《ひと》の所《ところ》には行《い》きにくい。

解説《かいせつ》 家《いえ》の中《なか》に入《はい》ることを、慣用句《かんようく》で「敷居《しきい》をまたぐ」といいます。そこで、相手《あいて》に会《あ》いづらいという気持《きも》ちを、その家《いえ》の玄関《げんかん》の敷居《しきい》が高《たか》すぎて、またぐのがたいへんだといいかえたのです。

使《つか》い方《かた》 部活《ぶかつ》をやめてしまい、お世話《せわ》になった先生《せんせい》の家《いえ》の敷居《しきい》が高《たか》くて、行《い》きづらくなってしまった。

久《ひさ》しく顔《かお》を出《だ》していないから 敷居《しきい》が高《たか》くなってしまったわい
ピンポーン
ゆうびんでーす
ウロウロ
おやさくらさんじゃないですか
敷居《しきい》が高《たか》い上《うえ》にバツが悪《わる》い友蔵《ともぞう》であった

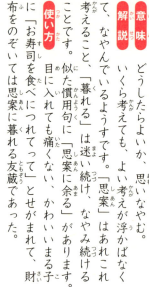

地《じ》団《だん》駄《だ》を踏《ふ》む

ドンドンドン

意味《いみ》 ひじょうにくやしがる。

解説《かいせつ》 足《あし》で踏《ふ》んで空気《くうき》を送《おく》る大《おお》きなふいごを「地《じ》たたら」といい、くやしがって、まるで地《じ》たたらを踏《ふ》むように地面《じめん》を踏《ふ》み鳴《な》らしているようすを表《あらわ》していることばです。「地《じ》たたら」は「地《じ》たたら・地《じ》だたら」ともいい、これが変化《へんか》して、「地《じ》団駄《だんだ》」として使《つか》われるようになりました。「地団太《じだんだ》」とも書《か》きます。

使《つか》い方《かた》 あと一点《てん》で引《ひ》き分《わ》けに持《も》ちこめたのにと、試合《しあい》が終《お》わってから地《じ》団駄《だんだ》を踏《ふ》んでも、もうおそい。

当《あ》て字《じ》

「**地《じ》たたら**」では発音《はつおん》しにくいので、やさしく「**地《じ》だんだ**」となり、意味《いみ》に関係《かんけい》なく「**団駄《だんだ》**」の字《じ》が当《あ》てられました。このような漢字《かんじ》の使《つか》われ方《かた》を「**当《あ》て字《じ》**」といいます。「**目出《めで》たい・天婦羅《てんぷら》・印度《いんど》**」なども当《あ》て字《じ》です。

天婦羅《てんぷら》
目出《めで》たい
印度《いんど》

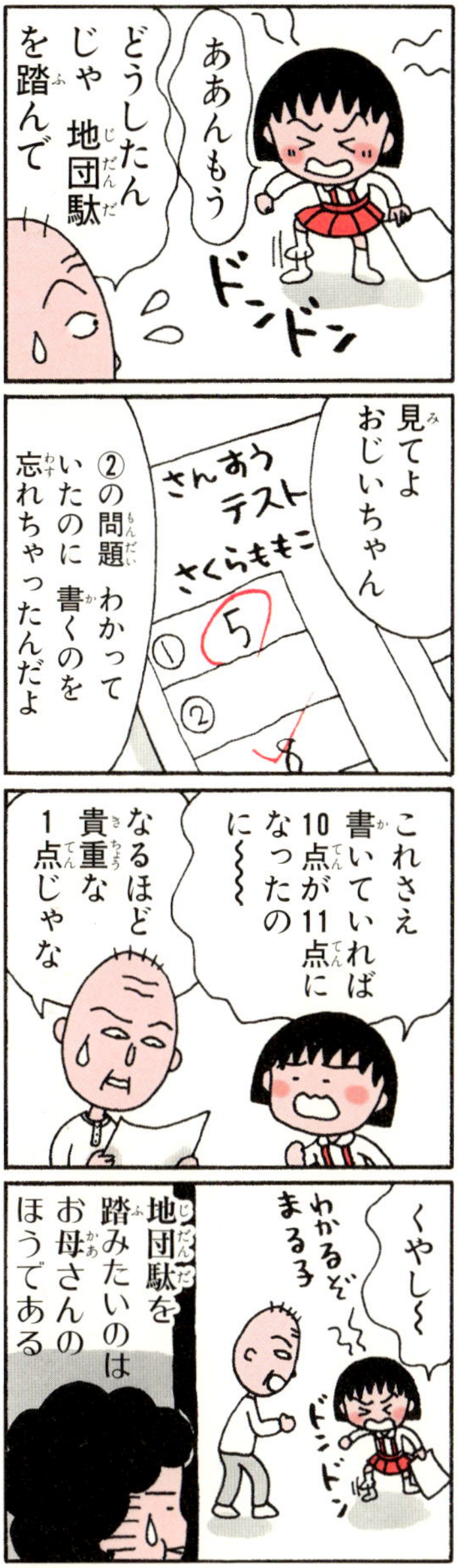
ああんもう
どうしたんじゃ 地団駄《じだんだ》を踏《ふ》んで
ドンドン
見《み》てよ おじいちゃん
さんすう テスト さくらももこ
②の問題《もんだい》 わかっていたのに 書《か》くのを忘《わす》れちゃったんだよ
これさえ書《か》いていれば10点《てん》が11点《てん》になったのに〜〜
なるほど 貴重《きちょう》な1点《てん》じゃな
くやし〜
わかるぞ まる子
ドンドン
地団駄《じだんだ》を踏《ふ》みたいのはお母《かあ》さんのほうである

しっぽをつかむ

意味《いみ》 他人《たにん》のかくしていた正体《しょうたい》や秘密《ひみつ》を見破《みやぶ》る。

解説《かいせつ》 化《ば》けた狐《きつね》や狸《たぬき》のしっぽをつかむということで、不正《ふせい》などの証拠《しょうこ》をつかむ意味《いみ》のたとえとして使《つか》われることばです。一方《いっぽう》、見破《みやぶ》られたほうは「しっぽを出《だ》す」です。なお、「しっぽ」は尻《しり》の尾《お》「しりお」からできたことばです。

使《つか》い方《かた》 ときどき、おやつが盗《ぬす》み食《ぐ》いされる。だれの仕業《しわざ》かだいたいの見当《けんとう》はついているのだが、今度《こんど》こそしっぽをつかんでやる。

しっぽ

「**しっぽをつかむ**」「**しっぽを出《だ》す**」のほかにも、しっぽを使《つか》った慣用句《かんようく》はあります。犬《いぬ》が飼《か》い主《ぬし》にしっぽを振《ふ》ることから、相手《あいて》のごきげんをとるのは「**しっぽを振《ふ》る**」、負《ま》けて逃《に》げ出《だ》すのは「**しっぽを巻《ま》く**」です。

ついにしっぽをつかんだよ!! 待《ま》ちなさい!!
逃《に》げられたよ…
おばあちゃんどうしたの?
いやね 最近《さいきん》わたしのお菓子《かし》がなくなってることがあってね
へえ…そうなんだ………
しっぽをつかまれる前《まえ》に逃《に》げ出《だ》したいまる子《こ》であった——

しびれを切《き》らす

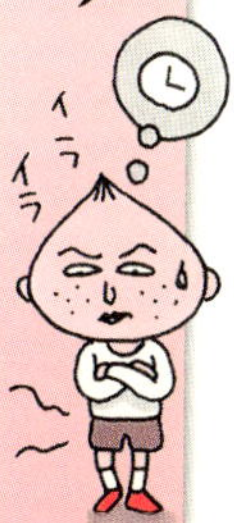
イラ
イラ

意味《いみ》 待《ま》ちくたびれて、がまんできなくなる。

解説《かいせつ》 長《なが》い間座《あいだすわ》っていると、足《あし》がしびれてきます。このようすを長《なが》い間《あいだ》待《ま》たされるたとえとして、「しびれを切《き》らす」と使《つか》います。この「切《き》らす」は、切《き》れたままの状態《じょうたい》にしていることです。「しびれが切《き》れる」という使《つか》い方《かた》もあります。

使い方《つかいかた》 雨宿《あまやど》りをしていたが、やみそうにないので、しびれを切《き》らして歩《ある》いて行《い》くことにした。服《ふく》はびしょぬれになるし、さんざんだった。

しびれる

「**しびれる**」は、神経《しんけい》がおかされて、体《からだ》や体《からだ》の一部《いちぶ》の感覚《かんかく》がまひしてしまうことです。座《すわ》っていて足《あし》がしびれるだけでなく、寒《さむ》すぎると手《て》もしびれます。ときどき手足《てあし》を動《うご》かして、血《ち》の流《なが》れをよくしましょう。

しびれた
じ〜ん

まる子《こ》ー 行《い》くわよー
早《はや》く しろー
待《ま》ってー
1分後《ぷんご》
まる子《こ》 まだーっ
置《お》いて くぞー
待《ま》ってよー
2分後《ふんご》
先《さき》 行《い》って るぞ
お父《とう》さんが しびれを 切《き》らしてる から見《み》てきて ちょうだい
まる子《こ》 いい かげんに…
えっ
からまって 取《と》れないよぉ
途方《とほう》に暮《く》れている まる子《こ》であった――

し

耳目《じもく》を集《あつ》める

意味《いみ》
たくさんの人《ひと》の関心《かんしん》を呼《よ》ぶ。

解説《かいせつ》
「耳目《じもく》」は耳《みみ》と目《め》のことで、「耳《じ》目《もく》を集《あつ》める」は、世間《せけん》の人々《ひとびと》の興味《きょうみ》や関心《かんしん》を引《ひ》きつけているようすのたとえです。「耳目《じもく》を引《ひ》く」ともいいます。一点《てん》に寄《よ》せ集《あつ》めているのです。特《とく》に世間《せけん》の人々《ひとびと》をびっくりさせるような場合《ばあい》は、「耳目《じもく》を驚《おどろ》かす」といいます。

関心

使い方《つかいかた》
オリンピック・パラリンピックは、世界中《せかいじゅう》の人々《ひとびと》の耳目《じもく》を集《あつ》めるような平和《へいわ》の祭典《さいてん》だ。成功《せいこう》するといいな、と思《おも》う。

耳目《じもく》に触《ふ》れる

「**耳目《じもく》**」は興味《きょうみ》・関心《かんしん》だけではなく、「聞《き》く・見《み》る」の意味《いみ》でも使《つか》われます。実際《じっさい》に聞《き》いたり見《み》たりすることを「**耳目《じもく》に触《ふ》れる**」といいます。そして、この「**耳《じ》目《もく》**」をひっくり返《かえ》すと、「**見聞《けんぶん》**」になります。

聞く
見る

あしたは合唱《がっしょう》コンクール
ラーラ♪ ラ〜 ラ♪ラ〜 ラ
おっ練習《れんしゅう》かじゃあオレたちも
ラー ララー ララ ラ〜♪
あらわたしもまぜてよ
ボクも
ラー ララー ラー ララ ラー ラ〜 ラ〜〜
いつのまにか
パチパチ パチパチ パチ
耳目《じもく》を集《あつ》めるほど上達《じょうたつ》していたまる子《こ》たちであった——
パチパチ パチ パチ パチ

寝食《しんしょく》を忘《わす》れる

勉強
勉強

意味《いみ》 物事《ものごと》に熱中《ねっちゅう》する。

解説《かいせつ》 寝《ね》ることも食《た》べることも忘《わす》れるくらい、物事《ものごと》に打《う》ちこんでいる熱《ねっ》心《しん》なようすを表《あらわ》しています。少《すこ》しの時間《じかん》も惜《お》しんでいるのです。似《に》たことばに「寸暇《すんか》を惜《お》しむ」があります。「寸暇《すんか》」は、ほんの少《すこ》しの空《あ》き時間《じかん》です。わずかな時間《じかん》も大事《だいじ》にして、決《けっ》してむだにしないぞという気持《きも》ちを表《あらわ》しています。

使《つか》い方《かた》 兄《あに》は、第《だい》一志望《しぼう》の高校《こうこう》に合格《ごうかく》するため、寝食《しんしょく》を忘《わす》れて猛勉強《もうべんきょう》をしている。きっと受《う》かるだろう。

寝《しん》食《しょく》

「寝《ね》ること」と「食《た》べること」は、生《い》きていく上《うえ》の大本《おおもと》です。そのため「**寝食《しんしょく》**」は、日常《にちじょう》の生《せい》活《かつ》の意味《いみ》で使《つか》われることもあります。ひとつ屋根《やね》の下《した》でいっしょに暮《く》らすことは「**寝《しん》食《しょく》を共《とも》にする**」といいます。

もぐもぐ
スースー

佐々木《ささき》のじいさん今日《きょう》も草木《くさき》の世話《せわ》がんばってるね
……
そうじゃのう
ごはんですよ
もう少《すこ》し
みごとな満月《まんげつ》…
寝食《しんしょく》を忘《わす》れて植木《うえき》の手入《てい》れをする佐々木《ささき》のじいさんであった――

進《しん》退《たい》きわまる

あわあわ

意味《いみ》 どうしたらよいのか、わからなくなる。

解説《かいせつ》 進《すす》むことも退《しりぞ》くこともできなくなり、困《こま》りきってしまうようすです。中国《ちゅうごく》の文書《ぶんしょ》の中《なか》で、「進退《しんたい》これ谷《きわ》まる」として使《つか》われたことばで、今《いま》はふつう「窮《きわ》まる」の字《じ》が用《もち》いられています。「きわまる」は、行《い》きづまることです。

使《つか》い方《かた》 本棚《ほんだな》の裏側《うらがわ》にかくしておいた点数《てんすう》の悪《わる》い答案用紙《とうあんようし》をお母《かあ》さんに見《み》つかってしまい、進退《しんたい》きわまるまる子《こ》でした。

一《いっ》進《しん》一《いっ》退《たい》

戦《いくさ》で、軍勢《ぐんぜい》が少《すこ》し進《すす》んだり退《しりぞ》いたりするようすを「一進一退《いっしんいったい》」といいます。このことばは、よくなったり悪《わる》くなったりする場《ば》合《あい》にも使《つか》います。成績《せいせき》が一進一退《いっしんいったい》、病状《びょうじょう》が一進一退《いっしんいったい》…、どちらも安《あん》心《しん》できません。

一進
一退

部屋《へや》をかたづけなさい!!
う〜〜ん 進退《しんたい》きわまるとはこのことだね
とりあえず引《ひ》き出《だ》しの中身《なかみ》を出《だ》そうかね
あ〜あ これはまずいね
こうなったら全部《ぜんぶ》 出《だ》すだけ出《だ》してそれからかたづけよう!!
よし!! キレイにするよ
2時間後《じかんご》
ギャッ 何《なに》!?
出《だ》すだけ出《だ》して進退《しんたい》きわまるまる子《こ》であった――

砂《すな》をかむよう

じゃり…
…
砂

意味《いみ》 なんのおもしろみもなく、味気《あじけ》ないこと。

解説《かいせつ》 砂《すな》をかむと、ざらざらして気持《きも》ちが悪《わる》いだけで、なんの味《あじ》もしません。もちろん、なんの役《やく》にも立《た》ちません。このことから、味気《あじけ》なく、つまらないようすを、まるで砂《すな》をかんでいるようだとたとえたのです。

使《つか》い方《かた》 来《く》る日《ひ》も来《く》る日《ひ》も、受験問題集《じゅけんもんだいしゅう》とにらめっこで、うんざりする。この砂《すな》をかむような受験地獄《じゅけんじごく》から、早《はや》くぬけ出《だ》したいよ。

かんで含《ふく》める

よいことに「かむ」が使《つか》われていることばがあります。「**かんで含《ふく》める**」です。固《かた》い食《た》べ物《もの》を、親《おや》がかんでから子《こ》どもの口《くち》に入《い》れてやるということから、「かんで含《ふく》めるようにやさしく教《おし》える」などと使《つか》われます。

では もう一度《いちど》説明《せつめい》します

きみといるとかわりばえがしないから毎日《まいにち》が砂《すな》をかむような気分《きぶん》になるよ
どういう意味《いみ》だい？
わからない？きみといるとおもしろみのない人生《じんせい》になりそうってことだよ
なんでそんなこというんだい
ぼくはおもしろみがないんじゃないっひきょうなだけだ!!
根暗《ねくら》なきみにいわれたくない!!
あのふたりまたやってるな
ああ砂《すな》をかむような話《はなし》をよく毎日《まいにち》くり返《かえ》しているよな

関《せき》の山《やま》

関
ムリだブー

意味《いみ》

がんばってどんなにうまくできたとしても、これ以上《いじょう》はできないだろう、という最高《さいこう》のところ。

解説《かいせつ》

昔《むかし》、伊勢《いせ》の国《くに》（現在《げんざい》の三重県《みえけん》）関町《せきちょう》にある八坂神社《やさかじんじゃ》の山車《だし》（＝山《やま》）がたいへんりっぱで、これ以上《いじょう》のものはできないだろうと思《おも》われたことから生《う》まれたことばです。「精《せい》いっぱい、うまくいったとしても」という意味《いみ》で使《つか》われます。

使い方《つかいかた》

今度《こんど》のテスト、長山《ながやま》くんは百点《てん》取《と》るかも知《し》れないけれど、まる子《こ》は五十点《てん》が関《せき》の山《やま》だと思《おも》うよ。

山車《だし》

山車《だし》のことを「**山《やま》**」というのは、車《くるま》の上《うえ》のやぐらが山林《さんりん》の形《かたち》をしているからです。それに花《はな》などのかざりを垂《た》れ下《さ》げて出《だ》してあるので「**だし**」と呼《よ》ぶのだそうです。そして「**花車《だし》**」とも書《か》きます。

まる子《こ》 ダラダラしていないで勉強《べんきょう》したら？ もうすぐテストでしょ
まる子《こ》がいくらがんばっても50点《てん》が関《せき》の山《やま》だよ
じゃあお母《かあ》さんの手伝《てつだ》いでもしたら？
ちっちっち まる子《こ》ががんばって手伝《てつだ》いをしたところでお母《かあ》さんの用《よう》が増《ふ》えるのが関《せき》の山《やま》だよ
……
このままじゃわたしまでアホ姉妹《しまい》と思《おも》われるのが関《せき》の山《やま》…と思《おも》うお姉《ねえ》ちゃんであった——

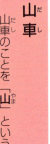

同《おな》じような意味《いみ》の慣用句《かんようく》

47ページのコラム❶で、似《に》ていることばとして「一石二鳥《いっせきにちょう》」と「一挙両得《いっきょりょうとく》」を紹介《しょうかい》しましたが、ほかにもたくさんあります。

特《とく》に有名《ゆうめい》なのは「**猫《ねこ》に小判《こばん》**」と「**豚《ぶた》に真珠《しんじゅ》**」。猫《ねこ》は好奇心《こうきしん》が強《つよ》く、いろいろな物《もの》をおもちゃにして遊《あそ》びますが、小判《こばん》をもらっても、どうしてよいかわかりません。小判《こばん》は大金《たいきん》です。そこで、どんなに値《ね》打《う》ちがあっても、その使《つか》い方《かた》を知《し》らない者《もの》にとっては何《なん》の役《やく》にも立《た》たないという意味《いみ》で使《つか》われることばが「猫《ねこ》に小判《こばん》」です。そして、似《に》ているのは「豚《ぶた》に真珠《しんじゅ》」。これはキリスト教《きょう》の新約聖書《しんやくせいしょ》にあることばで、やはり豚《ぶた》にとっては真珠《しんじゅ》の値打《ねう》ちはわからないのです。

じっと閉《と》ざしていた口《くち》を、やっと開《ひら》くようすを「**口《くち》を割《わ》る**」といいます。かくしていた悪《わる》いことを白状《はくじょう》する意味《いみ》です。似《に》た意味《いみ》のことばに「**泥《どろ》を吐《は》く**」があります。泥《どろ》は汚《きたな》い物《もの》です。心《こころ》の中《なか》の泥《どろ》のような悪《わる》いことを白状《はくじょう》する意味《いみ》です。

けれど、はずかしいことをかくそうかくそうとしても、ついみんなの目《め》に見《み》えてしまうのは「**ぼろが出《で》る**」です。「**馬脚《ばきゃく》をあらわす**」ともいいます。舞台《ぶたい》の上《うえ》で、馬《うま》の役《やく》をしていた人《ひと》の足《あし》が見《み》えてしまうことです。失敗《しっぱい》です。

いろいろありますが、もっともきちんと勉強《べんきょう》してほしいのは、163ページの「**的《まと》を射《い》る**」と「**当《とう》を得《え》る**」。これは大人《おとな》でも混乱《こんらん》して使《つか》っています。もう一度《いちど》しっかり読《よ》んで、正《ただ》しく区別《くべつ》して使《つか》うようにしましょう。

やっと口《くち》を割《わ》ったわね
……
見《み》えてるブー
しまったー
アハハハハ

慣用句《かんようく》クイズ⑤ 魚《さかな》がらみのいろいろ

？の中《なか》に入《はい》る
ことばは なぁに？
ヒントの文字《もじ》と絵《え》を
よく見《み》て答《こた》えてね！

1 ？の頭《あたま》も信心《しんじん》から

【つまらないものでも、信心《しんじん》しだいでありがたいものになること】

節分《せつぶん》の夜《よる》、門口《かどぐち》に？の頭《あたま》をさしたひいらぎの枝《えだ》を置《お》いて、鬼《おに》を追《お》い払《はら》う風習《ふうしゅう》からきたことば。

2 ？のぼり

【物事《ものごと》が、見《み》る見《み》るうちに急上昇《きゅうじょうしょう》すること】

？が身《み》をくねらせて川上《かわかみ》へのぼっていくようすから。「鯉《こい》のぼり」ではないので念《ねん》のため。

3 くさっても？

【もともと価値《かち》のあるものは、多少《たしょう》おちぶれようと、それなりの価値《かち》は失《うしな》わないということ】

日本《にほん》では、昔《むかし》から？は魚《さかな》の王様《おうさま》としてあつかわれたことから。

4 ごまめの？ぎしり

【力《ちから》のない者《もの》が、いきりたったりくやしがったりすること】

ごまめは、片口鰯《かたくちいわし》を干《ほ》したもの。

5 金魚《きんぎょ》の？

【ある人《ひと》のあとに、人《ひと》がぞろぞろつきしたがうこと】

金魚《きんぎょ》の？が切《き》れずに長《なが》く連《つら》なることから。「金魚《きんぎょ》のうんこ」とも。

ヒント

尾《お》 鰯《いわし》 鰻《うなぎ》
糞《ふん》 歯《は》 鯉《こい》
水《みず》 鯛《たい》

※２回《かい》使用《しよう》する漢字《かんじ》もあります。

★答《こた》えは左《ひだり》ページにあります。

6 魚心《うおごころ》あれば [?] 心《ごころ》

【相手《あいて》が好意《こうい》を示《しめ》すなら、こちらも相応《そうおう》の好意《こうい》を示《しめ》すということ】

魚《さかな》に心《こころ》があるなら、[?] にも対応《たいおう》する心《こころ》があるという意味《いみ》から。

7 [?] ひれをつける

【事実以外《じじついがい》のことをあれこれつけ加《くわ》えて、話《はなし》を大《おお》げさにすること】

[?] ひれとは、魚《さかな》のしっぽとひれのこと。ひれには、背《せ》びれ・胸《むな》びれ・しりびれ・腹《はら》びれなどがあり、話《はなし》は大《おお》げさになる一方《いっぽう》だ。

8 海老《えび》で [?] を釣《つ》る

【ほんの少《すこ》しの元手《もとで》や労力《ろうりょく》で、大《おお》きな利益《りえき》を手《て》にすること】

安《やす》くて小《ちい》さな海老《えび》で、大《おお》きくてりっぱな魚《さかな》の王様《おうさま》である [?] を釣《つ》り上《あ》げることから。

9 まな板《いた》の [?]

【どうにもできず、相手《あいて》の思《おも》いのままになるしかない状態《じょうたい》】

まな板《いた》の上《うえ》にのせられて、これから包丁《ほうちょう》でさばかれるのを待《ま》つ [?] の状態《じょうたい》から。

お魚屋《さかなや》さん

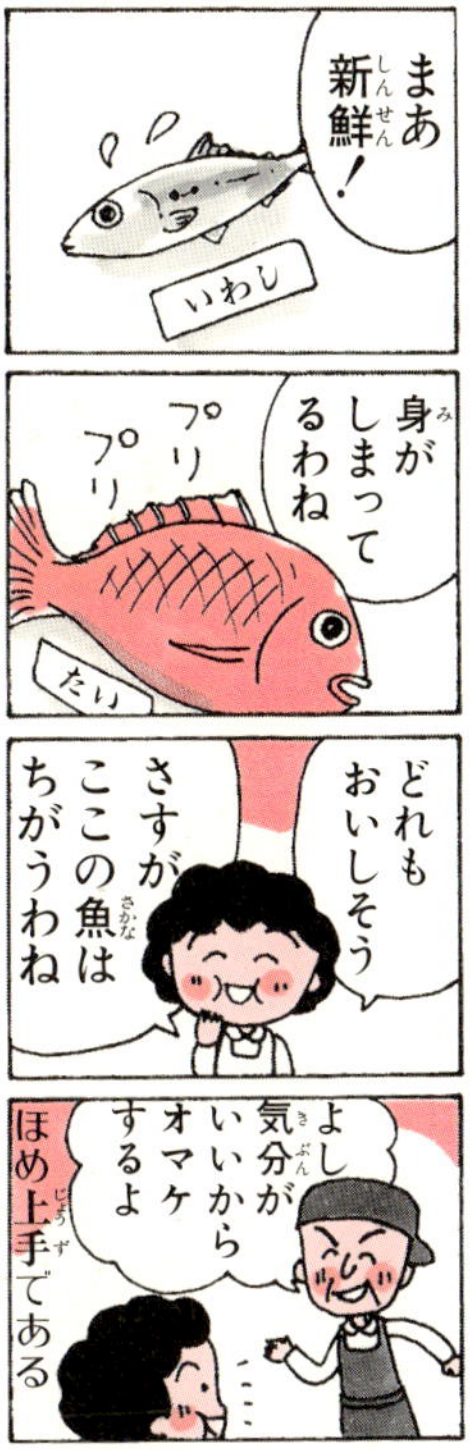

まあ新鮮《しんせん》!
いわし
身《み》がしまってるわね
プリプリ
たい
どれもおいしそう
さすがここの魚《さかな》はちがうわね
よし気分《きぶん》がいいからオマケするよ
ほめ上手《じょうず》である

水
きのう食《た》べたケーキの高《たか》さが1メートルもあってね
ペラペラ
ぞろ
ぞろ
弱

答《こた》え

①鰯《いわし》の頭《あたま》も信心《しんじん》から
②鰻《うなぎ》のぼり
③くさっても鯛《たい》
④ごまめの歯《は》ぎしり
⑤金魚《きんぎょ》の糞《ふん》
⑥魚心《うおごころ》あれば水《みず》心《ごころ》
⑦尾《お》ひれをつける
⑧海老《えび》で鯛《たい》を釣《つ》る
⑨まな板《いた》の鯉《こい》

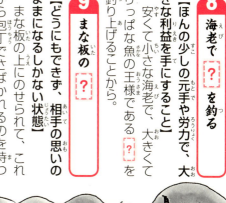

堰《せき》を切《き》る

意味《いみ》 おしとどめられていたものが、勢《いきお》いよくあふれ出《で》る。

解説《かいせつ》 「堰《せき》」は川《かわ》の流《なが》れを調節《ちょうせつ》する仕切《しき》りのことで、これを破《やぶ》って、水《みず》がどっとあふれ出《で》るようすからできたことばです。

使《つか》い方《かた》 まる子《こ》は、学校《がっこう》から帰《かえ》ってきたとたん、堰《せき》を切《き》ったように、クラスで起《お》きた一日《いちにち》のできごとをおじいちゃんに話《はな》して聞《き》かせた。

ただいまっ おかーさん!! たいへん!!
堰《せき》を切《き》ったように いったい どうしたの?
ひゃ…100点《てん》取《と》った
え…
堰《せき》を切《き》って当然《とうぜん》の点数《てんすう》である――

狭《せま》き門《もん》

意味《いみ》 通《とお》るのが難《むずか》しい道《みち》。また、競争相手《きょうそうあいて》が多《おお》くて、通《とお》りぬけるのがたいへんなこと。

解説《かいせつ》 聖書《せいしょ》にあることば「狭《せま》き門《もん》より入《はい》れ」から生《う》まれた慣用句《かんようく》です。もともとは、「天国《てんごく》に至《いた》る門《もん》は狭《せま》く、入《はい》るのは困難《こんなん》である。しかし、困難《こんなん》な方法《ほう》を選《えら》ぶ人《ひと》こそりっぱになれる」という教《おし》えです。

使《つか》い方《かた》 あの学校《がっこう》に入《はい》るには、狭《せま》き門《もん》を突破《とっぱ》しなければならない。よほどの勉学《べんがく》が必要《ひつよう》だ。

狭《せま》き門《もん》を突破《とっぱ》してこの劇団《げきだん》に入《はい》りました
ものすごい努力《どりょく》と苦労《くろう》を重《かさ》ねたと聞《き》いてますよ
まる子《こ》なら努力《どりょく》も苦労《くろう》もしないで狭《せま》き門《もん》を通《とお》りたいね
そうじゃ そうじゃ
ポリ ポリ
………

先見《せんけん》の明《めい》

意味《いみ》 将来《しょうらい》のことを見通《みとお》すかしこさ。

解説《かいせつ》 中国《ちゅうごく》から来《き》たことばです。「先見《せんけん》」は先《さき》を見《み》て、これからどうなるかを判断《はんだん》することです。「明《めい》」は頭《あたま》のよさで、これからのことを見《み》ぬく力《ちから》が「先見《せんけん》の明《めい》」です。そして、このような力《ちから》を持《も》った、国《くに》の上《うえ》に立《た》つ人《ひと》を「明主《めいしゅ》・明君《めいくん》・明《めい》王《おう》」と呼《よ》びます。

将来
ズバリ!! こうでしょう!!

使い方《つかいかた》 このメーカーの製品《せいひん》は、いつもヒットを飛《と》ばしている。消費者《しょうひしゃ》のことをじっと見《み》すえている、社長《しゃちょう》の先見《せんけん》の明《めい》によるものだ。

「後見《こうけん》」

「**先見《せんけん》**」の反対《はんたい》は「後見《こうけん》」…? ではありません。「後見《こうけん》」の「見《けん》」は、めんどうをみることです。子《こ》どもの生活《せいかつ》などの後《うし》ろだてになって世話《せわ》をする役目《やくめ》が「**後見《こうけん》**」です。これも大事《だいじ》なことばなので、おぼえておきましょう。

新《あたら》しい分野《ぶんや》を切《き》り開《ひら》き商品《しょうひん》は大《だい》ヒット!!
開発者《かいはつしゃ》の先見《せんけん》の明《めい》があったんだねぇ
先見《せんけん》の明《めい》って?
未来《みらい》を予測《よそく》できるかしこい人《ひと》のことだね
夕方《ゆうがた》――
ツバメが低《ひく》く飛《と》ぶということはあすの天気《てんき》は雨《あめ》じゃな
えっ!?
スゴイ!! おじいちゃんには先見《せんけん》の明《めい》があるんだね
そうかの…
古《ふる》くから言《い》い伝《つた》わる天気予報《てんきよほう》である――

外堀《そとぼり》をうめる

意味《いみ》　目的《もくてき》をとげるために、まず問題《もんだい》となるものを取《と》りのぞく。

解説《かいせつ》　内《うち》と外《そと》に堀《ほり》をめぐらしてある城《しろ》を攻《せ》めるとき、まず外側《そとがわ》の堀《ほり》（外《そと》堀《ぼり》）をうめてかかります。総攻撃《そうこうげき》をかける前《まえ》に、障害《しょうがい》となるものをまず取《と》りのぞいてしまうのです。

このことばは、戦《いくさ》だけではなく、ある計画《けいかく》を完成《かんせい》させるために、まず周《まわ》りを整理《せいり》して、有利《ゆうり》な条件《じょうけん》を整《ととの》えることをたとえています。

使《つか》い方《かた》　あせらず外堀《そとぼり》をうめてから、おこづかいを値上《ねあ》げしてもらおう。

よし

わたくしが学級委員《がっきゅういいん》になったあかつきには 宿題《しゅくだい》を教《おし》えてさしあげましょう
たのむブー
1票《ぴょう》入《い》れるよ
さくらさん ほなみさん
わかってるよ 1票《ぴょう》入《い》れるよ
これで あと5人《にん》…
1票《ぴょう》を獲得《かくとく》するために 外堀《そとぼり》をうめる丸尾《まるお》くんであった——

大坂《おおさか》の陣《じん》

「**外堀《そとぼり》をうめる**」の語源《ごげん》になった有名《ゆうめい》な戦《いくさ》は、「**大坂《おおさか》の陣《じん》**」です。慶長《けいちょう》十九年《ねん》（一六一四年《ねん》）、徳《とく》川家康《がわいえやす》の軍勢《ぐんぜい》は、豊臣氏《とよとみし》の立《た》てこもる大坂城《おおさかじょう》（今《いま》の大阪城《おおさかじょう》）を包囲《ほうい》し、攻《せ》め立《た》てました。これを「**大坂冬《おおさかふゆ》の陣《じん》**」といいます。

しかし、大坂城《おおさかじょう》の守《まも》りは固《かた》く、落《お》とせないため和睦《わぼく》（仲直《なかなお》りすること）します。

翌年《よくねん》、家康《いえやす》は口実《こうじつ》をもうけて城《しろ》の外堀《そとぼり》をうめさせました。さらに内堀《うちぼり》までもうめると、再《ふたた》び戦《いくさ》になりました。徳川方《とくがわがた》は一気《いっき》に攻《せ》め入《い》り、豊臣氏《とよとみし》を滅《ほろ》ぼしてしまいました。

この戦《いくさ》を「**大坂夏《おおさかなつ》の陣《じん》**」といいます。

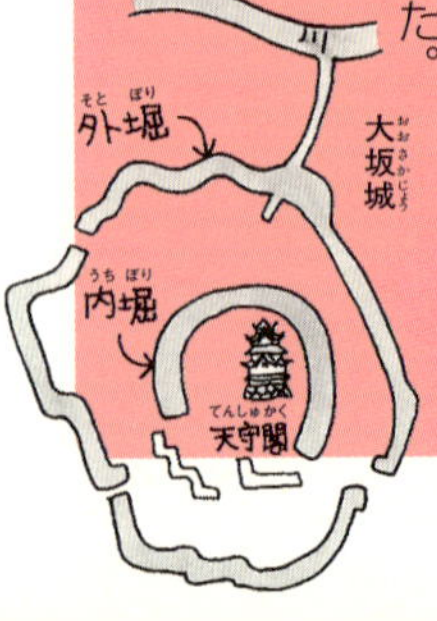
川
外堀《そとぼり》
大坂城《おおさかじょう》
内堀《うちぼり》
天守閣《てんしゅかく》

反《そ》りが合《あ》わない

意味《いみ》 性格《せいかく》や気持《きも》ちがかみ合《あ》わないため、うまくやっていけない。

使《つか》い方《かた》 「反《そ》り」は、曲《ま》がりぐあいです。もし、刀《かたな》の反《そ》りぐあいと、さやの反《そ》りぐあいがちがっていたら、どうでしょうか？ 刀《かたな》はすんなりと、さやに収《おさ》まりません。このように、ふたつのものがうまく合《あ》わないようすが「反《そ》りが合《あ》わない」です。

解説《かいせつ》 ぼくが何《なに》を話《はな》しても、あの人《ひと》は反対《はんたい》の意見《いけん》ばかりいう。ぼくとは反《そ》りが合《あ》わないようだ。悲《かな》しいけれど、相手《あいて》にしないようにするよ。

反《そ》り身《み》

体《からだ》は、よく動《うご》きます。後《うし》ろに曲《ま》げることを「**体《からだ》を反《そ》る・反《そ》らせる**」といい、この形《かたち》を「**反《そ》り身《み》**」といいます。いばるときは「**反《そ》り返《かえ》る**」で、「**踏《ふ》ん反《ぞ》り返《かえ》る**」ともいいます。曲《ま》げすぎると、のけ反《ぞ》ってしまいます。

えへん

ちょっとそこの消《け》しゴム拾《ひろ》ってくれよ
え？なんで？
そんなの自分《じぶん》で拾《ひろ》いなさいよ
カチン
おまえほんとに性格悪《せいかくわる》いな
永沢《ながさわ》にいわれたくないわよ
カチーン
きみとはまったく反《そ》りが合《あ》わないね
学芸会《がくげいかい》の出《だ》し物《もの》ですがシンデレラがよい方《かた》手《て》をあげ…
え
ハイ
ふだんは反《そ》りが合《あ》わないがたまに反《そ》りの合《あ》うふたりであった

手《た》綱《づな》を締《し》める

意味《いみ》 勝手《かって》な行動《こうどう》をしないように、きびしくおさえる。

解説《かいせつ》 馬《うま》が勝手《かって》に走《はし》らないように、手《た》綱《づな》をぐっと引《ひ》き締《し》めることを表《あらわ》しています。たるんでいる気持《きも》ちに対《たい》して、きびしい態度《たいど》をとっているのです。「手《た》綱《づな》」は、馬《うま》の口《くち》にかませ、乗《の》っている人《ひと》が手《て》に持《も》ってあやつる綱《つな》です。「手《た》綱《づな》を引《ひ》き締《し》める」ともいいます。

キキー

使《つか》い方《かた》 修学旅行《しゅうがくりょこう》の行動《こうどう》は、生徒《せいと》が勝手《かって》にふるまうことのないように、手《た》綱《づな》を締《し》めてください。

「手《た》綱《づな》を緩《ゆる》める」

手《た》綱《づな》を締《し》めてばかりいては、馬《うま》はのびのびと行動《こうどう》できません。そこで、少《すこ》し自由《じゆう》にさせてやる必要《ひつよう》があります。そのことを「**手《た》綱《づな》を緩《ゆる》める**」といいます。締《し》めたり、緩《ゆる》めたり、上《うえ》に立《た》つ人《ひと》もたいへんです。

自由

今日《きょう》は まる子《こ》が 勝手《かって》な行動《こうどう》 しないように 手綱《たづな》を締《し》める わよ
わかった!
デパート
ワー
すごい キレイな 服《ふく》が いっぱい だねー
キョロ
キョロ
ガン
あっ おもちゃ コーナー
さっ行《い》くわよ
ワー おもちゃ~
じたばた
手綱《たづな》を締《し》める 母《はは》と姉《あね》であった——

旋毛《つむじ》を曲《ま》げる

フン

意味《いみ》 気《き》に入《い》らないといって、すなおでなくなる。

解説《かいせつ》 「旋毛《つむじ》」は、頭《あたま》のてっぺんにある渦巻《うずまき》のように毛《け》が生《は》えているところです。ここを曲《ま》げて、中心《ちゅうしん》からずらしてしまうので、ひねくれてしまうようすを表《あらわ》しています。なお、「旋毛《つむじ》」の「旋《せん》」は、くるくる回《まわ》る意味《いみ》です。くるくる渦《うず》を巻《ま》いて吹《ふ》くのは「旋風《つむじかぜ》」です。

使《つか》い方《かた》 彼《かれ》は、気《き》にくわないと、すぐに旋毛《つむじ》を曲《ま》げる。けれど、すぐにきげんを直《なお》すところがまたいい。

曲《ま》げる

「**旋毛《つむじ》を曲《ま》げる**」と似《に》ていることばに「**へそを曲《ま》げる**」があります。これらの慣用句《かんようく》は、旋毛《つむじ》がどうの、へそがどうしたのというより、体《からだ》の一《いち》部分《ぶぶん》を曲《ま》げて、すなおでなくなることを表《あらわ》しているのです。

へそを曲《ま》げる

今日《きょう》のおやつはせんべいよ
えーっ まる子《こ》 クッキーのほうがいい
今日《きょう》はせんべいでがまんしなさい!!
やだね
プイ
あらら旋毛《つむじ》を曲《ま》げちゃって おいしいのにね
うん すごくおいしい
……
バリ
バリ
バリ
ぐう〜
…やっぱりせんべい食《た》べようかな
旋毛《つむじ》を曲《ま》げても腹《はら》の虫《むし》にはかなわないまる子《こ》であった——

つ

手《て》取《と》り足《あし》取《と》り

意味《いみ》 相手《あいて》にひとつずつていねいに教《おし》えること。

解説《かいせつ》 口《くち》で教《おし》えるだけでなく、実際《じっさい》に相手《あいて》の手《て》を取《と》ったり足《あし》を取《と》ったりして、教《おし》えるようすを表《あらわ》していることばです。ひとつひとつ細《こま》かく、ていねいに教《おし》えるとき、この慣用句《かんようく》が使《つか》われます。

使《つか》い方《かた》 サッカーがうまくなりたくて、ケン太《た》くんにこつを聞《き》いてみた。すると彼《かれ》は、攻《せ》め方《かた》・守《まも》り方《かた》を、手取《てと》り足取《あしと》りていねいに教《おし》えてくれた。

山田《やまだ》くん ここを足《た》してください
次《つぎ》はここを引《ひ》いてください
そして次《つぎ》は
全然《ぜんぜん》わからないじょ――
じゃあもう一度《いちど》
手取《てと》り足取《あしと》りていねいな戸川先生《とがわせんせい》であった――

手《て》に汗《あせ》をにぎる

意味《いみ》 はらはらどきどきして、心《こころ》が高《たか》ぶる。

解説《かいせつ》 手《て》を固《かた》くにぎりしめていると、汗《あせ》がにじみ出《で》てきます。まるで、汗《あせ》をにぎっているみたいなので、緊張《きんちょう》しながら見《み》たり聞《き》いたりしているようすを「手《て》に汗《あせ》をにぎる」といいます。中国《ちゅうごく》から来《き》たことばで、「手《て》に汗《あせ》にぎる」ともいいます。

使《つか》い方《かた》 ドラマは、まさに手《て》に汗《あせ》をにぎる展開《てんかい》で、どうなるのか、続《つづ》きが待《ま》ち遠《どお》しくてたまらない。

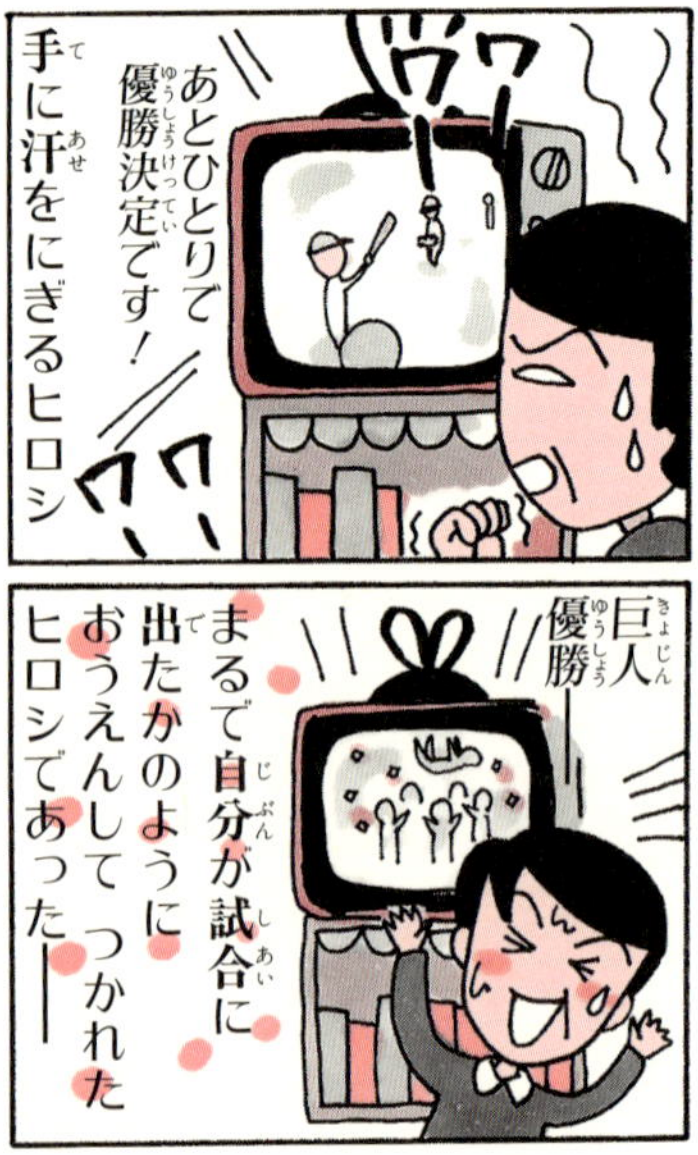
あとひとりで優勝決定《ゆうしょうけってい》です!
手《て》に汗《あせ》をにぎるヒロシ
巨人《きょじん》優勝《ゆうしょう》――
まるで自分《じぶん》が試合《しあい》に出《で》たかのようにおうえんしてつかれたヒロシであった――

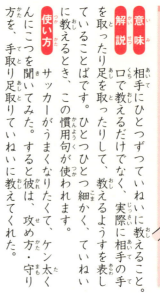

手《て》も足《あし》も出《で》ない

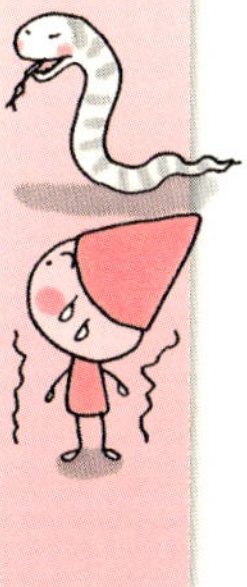

意味《いみ》 力《ちから》が足《た》りなくて、どうすることもできない。

解説《かいせつ》 何《なに》かをするとき、手《て》を使《つか》ったり足《あし》を使《つか》ったりしますが、使《つか》うどころか出《だ》すこともできないのです。つまり、何《なに》もできない、困《こま》り果《は》てた状態《じょうたい》を表《あらわ》していることばです。何《なに》をしようと思《おも》ってもだめで、降参《こうさん》するしかありません。「手《て》も足《あし》も出《だ》せない」ともいいます。

使い方《つかいかた》 今回《こんかい》のテストは特《とく》に難《むずか》しくて、手《て》も足《あし》も出《で》なかった。もっと勉強《べんきょう》しなければと、反省《はんせい》している。

「手《て》」と「足《あし》」

手《て》と足《あし》が組《く》み合《あ》わさっている慣用句《かんようく》には「**手足《てあし》をのばす**」もあります。当《あ》たり前《まえ》のことばに思《おも》えますが、これには手足《てあし》だけでなく、心《こころ》までのばしてゆったりする意味《いみ》があります。これが慣用句《かんようく》のおもしろいところです。

ゆ～ったり

大野《おおの》くん杉山《すぎやま》くんケン太《た》…スポーツ万能《ばんのう》の3人《にん》と鬼《おに》ごっこをする――
じゃんけんで負《ま》け鬼《おに》になったまる子《こ》
あ～あ
逃げるぞー！
まてー！
ぜーぜーぜー
さくらしっかりしろー
あまりの速《はや》さに手《て》も足《あし》も出《で》ないまる子《こ》であった

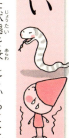

天狗《てんぐ》になる

意味《いみ》
うぬぼれて、いい気《き》になる。

解説《かいせつ》
得意《とくい》になることを「鼻《はな》を高《たか》くする」といいます。「天狗《てんぐ》になる」と同《おな》じ意味《いみ》です。天狗《てんぐ》の鼻《はな》が高《たか》いからです。いい気《き》になって自慢《じまん》してうぬぼれが強《つよ》くなりすぎると、周《まわ》りからいやがられます。そういう人《ひと》を、だれかが出《で》てきて打《う》ち負《ま》かすと、「天狗《てんぐ》の鼻《はな》を折《お》る」ということばになります。

フフフン

使《つか》い方《かた》
たまたま百点《てん》を取《と》ったからといって、天狗《てんぐ》になっていてはいけません。日々《ひび》の努力《どりょく》が大事《だいじ》です。

わあ
すごい
これ
永沢《ながさわ》が
作《つく》ったの？
わあ
すごい
ブー
天狗《てんぐ》になる永沢《ながさわ》
そうでも
ないよ
次《つぎ》の日《ひ》
わあ 長山《ながやま》
くんの見《み》て
うわぁ
すごい
永沢《ながさわ》のより
すごいブー
永沢《ながさわ》が天狗《てんぐ》になるのも
1日《にち》で終《お》わるのであった

天狗《てんぐ》

天狗《てんぐ》は赤《あか》ら顔《がお》で高《たか》い鼻《はな》を持《も》ち、空《そら》を飛《と》ぶなどの不思議《ふしぎ》な力《ちから》を持《も》った想像上《そうぞうじょう》の妖怪《ようかい》です。

そして、仏《ほとけ》の道《みち》をきわめていないのに、悟《さと》ったと思《おも》い上《あ》がっている僧《そう》は、やがて天狗《てんぐ》になるといわれています。

このことから、十分《じゅうぶん》な知識《ちしき》や能力《のうりょく》もないのに、うぬぼれている人《ひと》を「**天狗《てんぐ》**」と呼《よ》ぶようになりました。

取《と》って付《つ》けたよう

意味《いみ》

ことばや動作《どうさ》が、いかにもわざとらしく不自然《ふしぜん》なようす。

解説《かいせつ》

ほかから持《も》ってきて、あとからむりに付《つ》け足《た》したようだということで、そのとき、その場《ば》に合《あ》っていない、不自然《ふしぜん》なようすを表《あらわ》すことばです。ごまかしているような印象《いんしょう》をあたえ、あまりよくない意《い》味《み》に使《つか》われます。

使《つか》い方《かた》

取《と》って付《つ》けたようなお世辞《せじ》は、もうたくさんだ。そんなほめられ方《かた》をされても、わたしは少《すこ》しもうれしくない。

つける

「**つける**」の漢字《かんじ》の使《つか》い分《わ》けに注意《ちゅうい》しましょう。ぺったりとくっつけるのは「**付《つ》ける**」で、衣服《いふく》をつけるのは「**着《つ》ける**」、そして、ある人《ひと》をある地位《ちい》などにつけるのは「**就《つ》ける**」です。意味《いみ》を考《かんが》えて使《つか》い分《わ》けることが大事《だいじ》です。

付ける
ペタ
着ける

まる子《こ》 あんた宿題《しゅくだい》やったの?
えっ やったよ
ほんとにやったの?
も…もちろん やったよ
いやあ今日《きょう》の算数《さんすう》の宿題《しゅくだい》難《むずか》しくってさ 2時間《じかん》ぐらいかかっちゃって おかげでノートも使《つか》い切《き》ったよ
……
この間《あいだ》ノート替《か》えたばかりなのに使《つか》い切《き》るわけないでしょ 取《と》って付《つ》けたようなうそつくんじゃないよ
しまった

虎《とら》の子《こ》

意味《いみ》
ひじょうに大切《たいせつ》にしている、お金《かね》や品物《しなもの》。

解説《かいせつ》
虎《とら》は、自分《じぶん》の子《こ》どもをひじょうに大切《たいせつ》に育《そだ》てるといわれます。そこで人間《にんげん》の場合《ばあい》も、ひじょうに大《たい》切《せつ》にしていて、手元《てもと》からはなさない大事《だいじ》なお金《かね》や品物《しなもの》をたとえて「虎《とら》の子《こ》」といいます。とっておきの品《しな》です。

使《つか》い方《かた》
まる子《こ》には、どうしても買《か》いたい物《もの》がある。今《いま》までお年玉《としだま》をためておいた、虎《とら》の子《こ》の貯金《ちょきん》をはたいて、それを買《か》おうと思《おも》っている。

虎《とら》の巻《まき》

「虎《とら》」のつく、よく使《つか》うことばに「**虎《とら》の巻《まき》**」があります。これは、中国《ちゅうごく》の戦略《せんりゃく》を説《と》いた書物《しょもつ》の中《なか》の「**虎韜《ことう》の巻《まき》**」から出《で》たことばです。そこから、今《いま》では勉強《べんきょう》などを学《まな》ぶ際《さい》の奥《おく》の手《て》を書《か》いた本《ほん》を指《さ》して、いうようになりました。

虎の巻

おじいちゃん この箱《はこ》なぁに？
虎《とら》の子《こ》箱《ばこ》じゃ
虎の子
小銭《こぜに》しか入《はい》っていないけど大切《たいせつ》にしているお金《かね》じゃよ
へぇ
まる子《こ》もあるよ 大切《たいせつ》にしているお金《かね》
ほう
ほら
………
まる子《こ》の虎《とら》の子《こ》の3円《えん》である

取《と》りつく島《しま》がない

意《い》味《み》 頼《たよ》りにするものがまったくなく、どうしようもない。

解《かい》説《せつ》 おぼれていても、すがりつく所《ところ》がないのです。困《こま》っていても、だれも相談《そうだん》にのってくれないようすをたとえていることばです。ここの「島《しま》」は、頼《たの》みとする所《ところ》です。「島《しま》」を「暇《ひま》」だと思《おも》って、「取《と》りつく暇《ひま》がない」といわないように注意《ちゅうい》しましょう。また、「取《と》りつく島《しま》もない」ともいいます。

使《つか》い方《かた》 あんなにつっけんどんな態度《たいど》をとられては、取《と》りつく島《しま》がないよ。

しま

縦横《たてよこ》のすじの入《はい》ったしまもようの「**しま**」は、「**島《しま》**」のことです。はるか遠《とお》くの島《しま》＝南洋《なんよう》諸島《しょとう》から日本《にほん》に渡《わた》ってきた物《もの》を「**島物《しまもの》**」といい、もようの場合《ばあい》は「**島模様《しまもよう》**」です。今《いま》は、「**縞《しま》**」の字《じ》を使《つか》っています。

しま
しま

あれ おかしいわね
お母《かあ》さん 何《なに》を 探《さが》してるの？
くつ下《した》よ 片方《かたほう》 ないのよ
えっ これのことかな
ほんとうに ないわね
えっ だから これの こと…
お母《かあ》さん 聞《き》いてる？
あーもう まる子《こ》は あっちに 行《い》って なさい!!
取《と》りつく 島《しま》がない――

泣《な》く子《こ》もだまる

ピタ

意味《いみ》 どんな人《ひと》もおさえつけてしまうほどの、強《つよ》い力《ちから》がある。

解説《かいせつ》 泣《な》きわめいている子《こ》どもも、びっくりして、ぴたりと泣《な》きやんでしまうというようすです。たいへん力《ちから》があり、そしてみんなからこわがられ、恐《おそ》れられている存在《そんざい》をたとえていることばです。だれもが圧倒《あっとう》されます。

使い方《つかいかた》 泣《な》く子《こ》もだまる鬼監督《おにかんとく》といわれるだけあって、指導《しどう》はかなりきびしい。しかし、そのおかげで、チームはめきめきと腕《うで》を上《あ》げた。

泣《な》く子《こ》にはかなわない

泣《な》く子《こ》に負《ま》ける場合《ばあい》もあります。昔《むかし》から「**泣《な》く子《こ》と地頭《じとう》には勝《か》てぬ**」といいます。聞《き》き分《わ》けがなく泣《な》く子《こ》と、力《ちから》ずくで税《ぜい》を取《と》り立《た》てる役人《やくにん》＝地頭《じとう》には勝《か》てないという意味《いみ》です。泣《な》く子《こ》と地頭《じとう》は、最強《さいきょう》です。

ピタ
泣《な》く子《こ》はだれじゃ〜
泣《な》く子《こ》も だまる
鬼《おに》——
そんな鬼《おに》にも
うわ〜ん
コワ
そんなことで泣《な》くんじゃないよ！
泣《な》く鬼《おに》もだまらせる鬼《おに》のお母《かあ》さんがいる

為《な》せば成《な》る

意味《いみ》 やろうという強《つよ》い意志《いし》を持《も》てば、どんなことでもできるものである。

解説《かいせつ》 これは上杉鷹山《うえすぎようざん》(下《した》の欄《らん》に解説《かいせつ》)の歌《うた》にあることばです。

『為《な》せば成《な》る
為《な》さねば成《な》らぬ　何事《なにごと》も
成《な》らぬは人《ひと》の
為《な》さぬなりけり』

《しようと思《おも》えば、できる。しようと思《おも》わなければ、何《なに》もできない。できないのは、しようとしないからである》

「為《な》す」はすること、「成《な》る」はできあがるの意味《いみ》です。

使い方《つかいかた》 相手《あいて》は強敵《きょうてき》だ。なあに、為《な》せば成《な》るだ。全力《ぜんりょく》でぶつかっていこう。必《かなら》ず勝《か》ってみせるぞ。

まる子《こ》が80点《てん》以上《いじょう》取《と》ったら好《す》きなもの買《か》ってやるぞ
よし
じゃーん
為《な》せば成《な》る大健闘《だいけんとう》のまる子《こ》であった——

上杉鷹山《うえすぎようざん》

上杉鷹山《うえすぎようざん》は江戸《えど》時代後期《じだいこうき》の、今《いま》の山形県《やまがたけん》の南部《なんぶ》、米沢藩《よねざわはん》の藩主《はんしゅ》で、本名《ほんみょう》を治憲《はるのり》といいます。経済状態《けいざいじょうたい》が苦《くる》しい藩《はん》を救《すく》うため、農民《のうみん》の教育《きょういく》、各種産業《かくしゅさんぎょう》の奨励《しょうれい》など、数々《かずかず》の政策《せいさく》を打《う》ち出《だ》し、藩民《はんみん》の生活向上《せいかつこうじょう》に力《ちから》を尽《つ》くしました。そのため、「天下《てんか》の名君《めいくん》」とほめたたえられています。「**為《な》せば成《な》る**」の歌《うた》は、家臣《かしん》に対《たい》し、政治《せいじ》にたずさわる者《もの》の、あるべき姿《すがた》を、わかりやすく示《しめ》したものといわれています。

続《ぞく》慣用句新聞《かんようくしんぶん》

2学期《がっき》

台風接近《たいふうせっきん》 雨風《あめかぜ》に注意《ちゅうい》

台風《たいふう》が、やってくる。備《そな》えあれば憂《うれ》いなし!?

東海地方《とうかいちほう》に台風《たいふう》が接近中《せっきんちゅう》なので、**気《き》が気《き》でない**まる子《こ》です。風《かぜ》も強《つよ》まり、今《いま》にも**泣《な》き出《だ》しそう**な空《そら》を見上《みあ》げるや、**脇目《わきめ》も振《ふ》らず**家路《いえじ》を急《いそ》ぎます。

「まるちゃん、**急《いそ》がば回《まわ》れ**だよ。近道《ちかみち》しないで、いつもの道《みち》を行《い》こうよ」

「たまちゃん、今日《きょう》は**道《みち》草《くさ》を食《く》う**暇《ひま》はないんだよ。台風《たいふう》は、まる子《こ》んちに**目《め》星《ぼし》をつけて**いるんだから。あたしや、さくら家《け》の防災部長《ぼうさいぶちょう》を**買《か》って出《で》た**んだよ。**備《そな》えあれば憂《うれ》いなし**だもんね」

「どうして、台風《たいふう》がまるちゃんちをねらっていると思《おも》うの?」

7月《がつ》に、たまちゃんちは洪水《こうずい》の被害《ひがい》にあっていた。今度《こんど》の台風《たいふう》は、うちに**白羽《しらは》の矢《や》が立《た》つ**と思《おも》うまる子《こ》だった。

3年《ねん》4組通信《くみつうしん》

天高《てんたか》く、それぞれの秋《あき》!

実《みの》りの秋《あき》にはいろいろな顔《かお》がある。「スポーツの秋《あき》」「芸術《げいじゅつ》の秋《あき》」「読書《どくしょ》の秋《あき》」「食欲《しょくよく》の秋《あき》」、小杉《こすぎ》の場合《ばあい》は、もちろん「食欲《しょくよく》の秋《あき》」である。

「秋《あき》になると**食《しょく》が進《すす》む**ね。今朝《けさ》もどんぶりで大盛《おおも》り3杯《ばい》、ご飯《はん》を食《た》べたよ」

「ボクは1杯《ばい》で十分《じゅうぶん》。胃腸《いちょう》が弱《よわ》いから、食《た》べすぎ厳禁《げんきん》。**腹八分《はらはちぶ》に医者《いしゃ》いらずさ**」

「わたしの秋《あき》は、芸術《げいじゅつ》の秋《あき》だね。ピカソって人《ひと》は新《あたら》しい発想《はっそう》で絵《え》をかいたんだ。**頭《あたま》が固《かた》い**人《ひと》にはまねできない作品《さくひん》がたくさんあるよ」

「さすが、**一芸《いちげい》に秀《ひい》でる**さくらクン。絵画展入選者《かいがてんにゅうせんしゃ》の**的《まと》を射《い》た**おことばだね」

夏《なつ》の暑《あつ》い日《ひ》

ああ今日《きょう》はむし暑《あつ》いねえ
こんな日《ひ》は涼《すず》しい所《ところ》で冷《つめ》たいものでも食《た》べたいねえ
よし!! まる子《こ》や喫茶店《きっさてん》にパフェを食《た》べに行《い》こう
やったー
おじいちゃん
まる子《こ》を甘《あま》やかさないでくださいっ
計画《けいかく》は失敗《しっぱい》である

慣用句《かんようく》クイズ

Q. 正《ただ》しい慣用句《かんようく》の使《つか》い方《かた》は、どちらでしょう?

1
□取《と》りつく暇《ひま》がない
□取《と》りつく島《しま》がない

2
□食欲《しょくよく》が進《すす》む
□食《しょく》が進《すす》む

3
□上《うえ》へ下《した》への
□上《うえ》を下《した》への

4
□聞《き》き耳《みみ》をすます
□聞《き》き耳《みみ》を立《た》てる

5
□打《う》てば鳴《な》る
□打《う》てば響《ひび》く

6
□小耳《こみみ》に入《い》れる
□小耳《こみみ》にはさむ

7
□我《われ》にもどる
□我《われ》に返《かえ》る

8
□合《あ》いの手《て》を打《う》つ
□合《あ》いの手《て》を入《い》れる

★クイズの答《こた》えはこのページの下《した》にあります。

「わたしは読書《どくしょ》の秋《あき》だわ。『アンネの日記《にっき》』は**琴線《きんせん》に触《ふ》れる**思《おも》いがしたわ」
「秋《あき》といったら、ズバリスポーツでしょう。野球《やきゅう》、サッカー、大相撲秋場所《おおずもうあきばしょ》。いずれも**手《て》に汗《あせ》をにぎる**見所《みどころ》がいっぱいでしょう!」
それじゃ「スポーツ観戦《かんせん》の秋《あき》」ではないか。**語《かた》るに落《お》ちる**丸尾《まるお》くんであった。

芸術《げいじゅつ》の秋《あき》だね

★答え…①取りつく島がない ②食が進む ③上を下への ④聞き耳を立てる ⑤打てば響く ⑥小耳にはさむ ⑦我に返る ⑧合いの手を入れる

波《なみ》風《かぜ》が立《た》つ

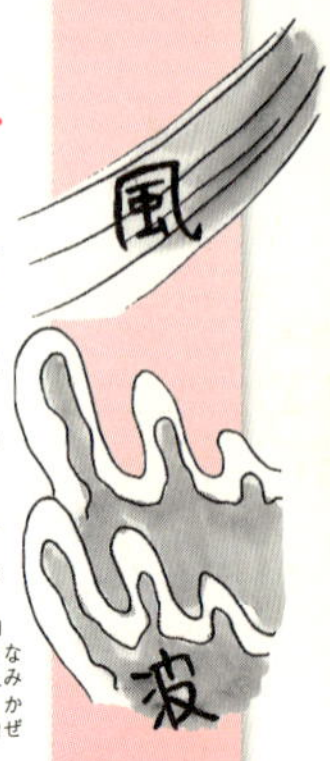

意味《いみ》　おだやかだった所《ところ》に、もめごとやさわぎが起《お》こる。

解説《かいせつ》　静《しず》かだった水面《みなも》に風《かぜ》が吹《ふ》いて、波《なみ》が立《た》つようすを表《あらわ》しています。これは、静《しず》かだった所《ところ》に争《あらそ》いなどが起《お》きて、さわがしくなるようすをたとえています。「波風《なみかぜ》を立《た》てる」「波風《なみかぜ》が絶《た》えない」など、いろいろな形《かたち》で使《つか》われます。なお、「風波《ふうは》」としても使《つか》われます。

使《つか》い方《かた》　空《あ》き巣《す》ねらいが横行《おうこう》しているというニュースが流《なが》れ、おだやかだった町内《ちょうない》に波風《なみかぜ》が立《た》った。

立《た》つ

まるで風《かぜ》にあおられるように、人間《にんげん》の感情《かんじょう》もざわめき立《た》つことがあります。気持《きも》ちが高《たか》ぶるのは「**気《き》が立《た》つ**」で、勇《いさ》ましい場合《ばあい》は「**ふるい立《た》つ**」。いらいらするのは「**いら立《た》つ**」で、しゃくにさわると「**腹《はら》が立《た》つ**」のです。

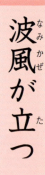

奈落《ならく》の底《そこ》

意味《いみ》　二度《にど》と立《た》ち直《なお》れないような、困《こん》難《なん》な状態《じょうたい》。どん底《ぞこ》。

解説《かいせつ》　「奈落《ならく》」は仏教《ぶっきょう》のことばで、地獄《じごく》のことです。さらにその下《した》ということから、「奈落《ならく》の底《そこ》」は抜《ぬ》け出《だ》すことのできない、底知《そこし》れない場《ば》所《しょ》を指《さ》しています。そして、どん底《ぞこ》として「奈落《ならく》の底《そこ》に沈《しず》む」などと使《つか》われています。また、劇場《げきじょう》の舞台《ぶたい》や花道《はなみち》の下《した》にある奥深《おくぶか》い部屋《へや》を「奈落《ならく》」とも呼《よ》びます。ここには、舞台《ぶたい》を回《まわ》したり、役者《やくしゃ》や大道《おおどう》具《ぐ》を舞台《ぶたい》へせり出《だ》したりする装置《そうち》があります。なお、「奈落《ならく》」は古《こ》代《だい》インド語《ご》に、漢字《かんじ》の音《おん》を、意味《いみ》に関係《かんけい》なく当《あ》てはめた表《あらわ》し方《かた》なので、「那落《ならく》」とも書《か》きます。

使《つか》い方《かた》　けがをして、選手生命《せんしゅせいめい》を絶《た》たれ、奈落《ならく》の底《そこ》に落《お》ちた気分《きぶん》だったが、周《まわ》りの人《ひと》たちに励《はげ》まされ、明《あか》るく第二《だいに》の人生《じんせい》を歩《あゆ》むことにした。

お姉《ねえ》ちゃん 今日《きょう》の ご飯《はん》は まる子《こ》の苦手《にがて》な納豆《なっとう》だよ
それが どうしたのよ？
奈落《ならく》の底《そこ》に落《お》とされた気分《きぶん》だよ
オーバーねぇ
もっと奈落《ならく》の底《そこ》に落《お》としましょうか
テスト 15
けっ結構《けっこう》です

仏教《ぶっきょう》のことば

「**奈落《ならく》**」のように、仏教《ぶっきょう》のことばが日常《にちじょう》で使《つか》われている例《れい》は、いろいろあります。まずは「**有頂天《うちょうてん》**」＝形《かたち》ある世界《せかい》の最高位《さいこうい》にある天《てん》です。「**畜生《ちくしょう》**」は、悪人《あくにん》が鳥《とり》・獣《けもの》・虫《むし》・魚《さかな》などに生《う》まれ変《か》わる世界《せかい》です。

そして、「**地獄《じごく》**」の反対《はんたい》にあるのは「**極楽《ごくらく》**」です。キリスト教《きょう》では「**天国《てんごく》**」です。

な

二《に》の次《つぎ》にする

次
ポイ

意味《いみ》 順序《じゅんじょ》を、あとにする。

解説《かいせつ》 それほど大事《だいじ》ではない、急《いそ》ぐ必要《ひつよう》はないからと、あと回《まわ》しにする意味《いみ》です。「次《つぎ》」は二番目《ばんめ》につぐものということで、「二《に》の次《つぎ》」は二番目《ばんめ》そのものを指《さ》しています。大事《だいじ》な一番目《ばんめ》に比《くら》べて、やや軽《かる》くあつかわれています。

使《つか》い方《かた》 宿題《しゅくだい》を二《に》の次《つぎ》にして遊《あそ》びに行《い》くなんて、今日《きょう》という今日《きょう》は、お母《かあ》さんはゆるしません！

夏休《なつやす》みである
今日《きょう》は 絵《え》をかいて まんが読《よ》んで できたら 宿題《しゅくだい》をやって あしたは たまちゃんと 遊《あそ》んで できたら宿題《しゅくだい》…と
よし 予定表 できた
宿題《しゅくだい》を 二《に》の次《つぎ》に するんじゃ ありません
!!

二《に》の舞《まい》

ああ また やって しまったー

意味《いみ》 前《まえ》の人《ひと》と同《おな》じ失敗《しっぱい》を、くり返《かえ》すこと。

解説《かいせつ》 もともと「二《に》の舞《まい》」は、前《まえ》の人《ひと》の舞《まい》をまねた「舞《まい》」のことです。失敗《しっぱい》を重《かさ》ねながら、おもしろおかしく演《えん》じるしぐさから、前《まえ》の人《ひと》と同《おな》じような失敗《しっぱい》をくり返《かえ》す意味《いみ》も加《くわ》わるようになりました。「二《に》の舞《まい》を演《えん》じる」などと使《つか》われます。

使《つか》い方《かた》 惨敗《ざんぱい》だった前《まえ》の試合《しあい》の二《に》の舞《まい》を演《えん》じたくない。今日《きょう》は、最初《さいしょ》から積極的《せっきょくてき》に攻《せ》めていこう。

あっ
あ〜あ お姉《ねえ》ちゃん たら おっちょこ ちょいなん だから
あ
二《に》の舞《まい》で ある―

二《に》番《ばん》煎《せん》じ

茶
ズズ…

意味《いみ》
前《まえ》のものと同《おな》じようなくり返《かえ》しで、新《あたら》しさが感《かん》じられない。

解説《かいせつ》
一度《ど》煎《せん》じたお茶《ちゃ》や薬《くすり》などを、もう一度《ど》煎《せん》じることで、味《あじ》や効《き》き目《め》のないようすを表《あらわ》していることばです。このことから、新鮮味《しんせんみ》が感《かん》じられないものに対《たい》して、「二番《にばん》煎《せん》じ」と使《つか》います。「煎《せん》じる」は、煮《に》つめて、中《なか》に含《ふく》まれている味《あじ》や成分《せいぶん》を出《だ》すことです。

使い方《つかいかた》
今年《ことし》の学園祭《がくえんさい》は、まったく新《あたら》しいアイデアで取《と》り組《く》もう。去年《きょねん》の二番煎《にばんせん》じといわれないように。

「煎《せん》」の字《じ》

煎《せん》じて飲《の》むお茶《ちゃ》は「**煎茶**《せんちゃ》」で、「**煎じ茶**《せんちゃ》」ともいいます。煎《せん》じて飲《の》む薬《くすり》は「**煎薬**《せんやく》」で「**煎じ薬**《せんぐすり》」ともいいます。火《ひ》にあぶって作《つく》るのは「**煎餅**《せんべい》」です。そして「**煎り豆**《いまめ》」。「**煎**《せん》」の字《じ》は飲《の》んだり食《た》べたりで活《かつ》躍《やく》しています。

今年《ことし》の お月見《つきみ》パーティーは……
ぼっちゃまが喜《よろこ》ぶいいアイデアはないものでしょうか
全員《ぜんいん》でウサギの着《き》ぐるみなどいかがでしょうか？
大《おお》きい月《つき》を作《つく》ってみては？
うーん
今《いま》までの二番煎《にばんせん》じはいけません
今年《ことし》は思《おも》いきって庭《にわ》でガーデンパーティーはいかがですか？
なかなかいい案《あん》ですね
これでぼっちゃまも喜《よろこ》ばれる
ホッ
二番煎《にばんせん》じにならなそうでホッとするヒデじいであった——

小杉《こすぎ》くんの大食《おおぐ》らいにはまったくあきれるね
あの食《く》いっぷりは異常《いじょう》だよね
オレは食《く》えるものならなんだって食《た》べるぜ
きみの食《く》いっぷりにはほれぼれするよ
うーん藤木《ふじき》って意外《いがい》と調子《ちょうし》いいヤツなんだ
そうだな二枚舌《にまいじた》を使《つか》ってるぜ
ようするにあれ…だな
…だな
二枚舌《にまいじた》を使《つか》うひきょうな藤木《ふじき》…であるーー

二枚舌《にまいじた》を使《つか》う

意味《いみ》 自分《じぶん》に都合《つごう》のいいように、場面《ばめん》によってちがうことをいう。

解説《かいせつ》 話《はな》すときは、舌《した》を使《つか》います。舌《した》は、ふつう一枚《まい》です。その舌《した》をまるで二枚《まい》持《も》っているかのように、あっちでいったことと、こっちでいうことを、ちがって使《つか》い分《わ》けているのが「二枚舌《にまいじた》を使《つか》う」です。自分《じぶん》の都合《つごう》に合《あ》わせ、平気《へいき》でうそをついているのと同《おな》じです。

使《つか》い方《かた》 選挙《せんきょ》のときは、二枚舌《にまいじた》を使《つか》う候補者《こうほしゃ》にだまされないように、よくたしかめて投票《とうひょう》しよう。

一枚《まい》の舌《した》

一枚《まい》の舌《した》でも、相手《あいて》を丸《まる》めこむことがあります。これを「舌先三寸《したさきさんずん》」といいます。三寸《ずん》（約《やく》九センチ）の舌《した》を使《つか》い、いいくるめてしまいます。うまく伝《つた》えられないのは「舌足《したた》らず」、これはことばが足《た》りないのです。

フン フン
なるほど

抜《ぬ》き差《さ》しならない

意味《いみ》 追《お》いつめられて、どうしようもなくなる。

解説《かいせつ》 抜《ぬ》こうとしても抜《ぬ》けなくて、差《さ》し入《い》れようとしても差《さ》し入《い》れられない、どうにも身動《みうご》きのとれない困《こま》った状態《じょうたい》を表《あらわ》すことばです。やりくりがつかないのです。126ページの「のっぴきならない」と同《おな》じような意味《いみ》です。

使い方《つかかた》 長引《ながび》く不況《ふきょう》で売《う》り上《あ》げがのびず、抜《ぬ》き差《さ》しならない状態《じょうたい》におちいってしまった。赤字《あかじ》は増《ふ》えるばかりで、どうしたらいいものか。

抜《ぬ》き足《あし》 差《さ》し足《あし》

足《あし》を抜《ぬ》くようにそっと歩《ある》くのは「**抜《ぬ》き足《あし》**」で、差《さ》し入《い》れるようにそっと歩《ある》くのは「**差《さ》し足《あし》**」です。両方合《りょうほうあ》わせて、「**抜《ぬ》き足《あし》 差《さ》し足《あし》**」といいます。さらにそっと歩《ある》くと、「**抜《ぬ》き足《あし》 差《さ》し足《あし》 忍《しの》び足《あし》**」になります。

抜《ぬ》き足《あし》 差《さ》し足《あし》
そーっと

ああん 抜《ぬ》き差《さ》しならなくなっちゃったよ〜〜〜
どうしたの?
今月《こんげつ》のおこづかいの残《のこ》りが30円《えん》 ほしい本《ほん》も何《なに》も買《か》えやしないよ
バカね
おこづかいは計画《けいかく》を立《た》ててほしいものは貯金《ちょきん》しておいて買《か》うものよ
貯金《ちょきん》なんてムリムリ
まる子《こ》!! またトイレの前《まえ》にまんが置《お》きっぱなしにしたわね
あっ それわたしの本《ほん》
まんが
抜《ぬ》き差《さ》しならない状態《じょうたい》は続《つづ》く――

ぬ

願《ねが》ったり叶《かな》ったり

願
叶
おお

意味《いみ》 そうなってほしいと思《おも》ったとおりになる。

解説《かいせつ》 「叶《かな》う」は望《のぞ》んだとおりになることで、願《ねが》ったことが叶《かな》ったという喜《よろこ》びでいっぱいの慣用句《かんようく》です。ここの「たり」は、「願《ねが》った・叶《かな》った」というふたつのことばを調子《ちょうし》よく並《なら》べて、うれしさをいっぱいに表《あらわ》す働《はたら》きをしています。

使《つか》い方《かた》 花輪《はなわ》クンのバースデー・パーティーに、ぜひ行《い》ってみたいと思《おも》っていたら、招待状《しょうたいじょう》が届《とど》いた。やった！ 願《ねが》ったり叶《かな》ったりだ。

「願《ねが》ってもない」

願《ねが》っても、必《かなら》ず叶《かな》うものではありません。しかし、まさか叶《かな》うはずがないと思《おも》われる難《むずか》しいことが叶《かな》ったとしたら、「**願《ねが》ってもない**」ということばを使《つか》います。「**願《ねが》ってもない機会《かい》**」は、幸運《こううん》に恵《めぐ》まれたときです。

願《ねが》ってもないチャンスだブー

今日《きょう》のおやつはプリンで夕食《ゆうしょく》はステーキ日曜《にちよう》は遊園地《ゆうえんち》
そんな願《ねが》ったり叶《かな》ったりなことあるわけないでしょ
おやつーー
今日《きょう》はプリンよー
夕食《ゆうしょく》はご近所《きんじょ》からお肉《にく》もらって
RRRRR
まるちゃん遊園地《ゆうえんち》のチケットあるんだけど日曜《にちよう》空《あ》いてる？
願《ねが》ったり叶《かな》ったりの夢《ゆめ》の中《なか》である——

根《ね》掘《ほ》り葉《は》掘《ほ》り

意味《いみ》 何《なに》から何《なに》まで細《こま》かく聞《き》いたり、調《しら》べたりすること。

解説《かいせつ》 どんな植物《しょくぶつ》かを調《しら》べるために、根《ね》っこまで掘《ほ》り返《かえ》すということです。けれど、「葉掘《はほ》り」とは…？　これは「根掘《ねほ》り」に調子《ちょうし》を合《あ》わせて細《こま》かく、しつこく調《しら》べているようすを強《つよ》く伝《つた》えるために加《くわ》えたのです。おもしろい慣用句《かんようく》です。

どうなの こうなの ？？
・・・

使い方《つかいかた》 事件《じけん》が起《お》きた。テレビのレポーターが、現場近《げんばちか》くの住民《じゅうみん》に、当時《とうじ》のもようを、根掘《ねほ》り葉掘《はほ》り聞《き》いて回《まわ》っている。

「根《ね》も葉《は》もない」

根掘《ねほ》り葉掘《はほ》りどころか、根《ね》もなければ葉《は》もないとしたら、これはもはや植物《しょくぶつ》とはいえません。このような、まったくよりどころのないようすを「**根《ね》も葉《は》もない**」といいます。根《ね》も葉《は》もないうわさを流《なが》してはいけません。

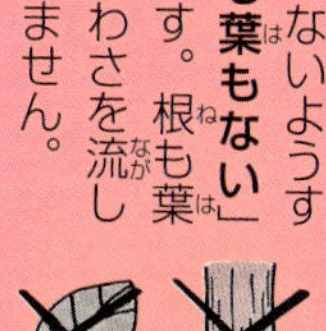

えー また お姉《ねえ》ちゃんの お古《ふる》なの？
使《つか》えるん だから 十分《じゅうぶん》でしょ
お姉《ねえ》ちゃんは いいね いつも新品《しんぴん》の プリンセス わたしは フローラ いつも お古《ふる》の召使《めしつか》い お友《とも》だちは 森《もり》の小《ちい》さな 動物《どうぶつ》さん…
え？ 何《なに》？ 森《もり》の？
えっと だから わたしが フローラで 森《もり》の仲間《なかま》が…
なんで あんたが フローラ なの？
森《もり》の仲間《なかま》って なんなの？
えっ…と…
たわいない 空想《くうそう》について 根掘《ねほ》り 葉掘《はほ》り聞《き》く お母《かあ》さんで あった――

のっぴきならない

意味《いみ》
どうにも動《うご》きがとれない。どうにもならない。

解説《かいせつ》
「のっぴき」は「退《の》き引《ひ》き」ということばからできました。「退《の》く」はその場《ば》からどくことで、「のっぴきならない」は、よけることも引《ひ》き下《さ》がることもできない、どうしようもない状態《じょうたい》を表《あらわ》していることばです。

使《つか》い方《かた》
おじいちゃんに、のっぴきならない用事《ようじ》ができてしまった。楽《たの》しみにしていたあしたの老人会《ろうじんかい》は、欠席《けっせき》するそうだ。

発音《はつおん》しやすく

「**のきひき**」が「**のっぴき**」になったのは、発音《はつおん》しやすいからで、このような例《れい》はたくさんあります。92ページでも紹介《しょうかい》した「**尻尾《しりお》→しっぽ**」や「**矢張《やはり》→やっぱり**」、そして「**出張《でば》る→でっぱる**」……、きりがないですね。

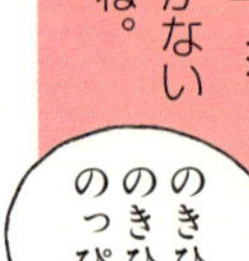
のきひき
のきひき
のっぴき

おじいちゃん
まる子《こ》は幸《しあわ》せだよ
ほしかったローラースルーゴーゴーを買《か》ってもらった上《うえ》に お寿司《すし》も食《た》べられるなんて…
ありがとうおじいちゃん
いいんじゃよ
お会計《かいけい》は7万5千円《えん》です
な…7万5千円《えん》
わしの所持金《しょじきん》じゃ足《た》りん!!
まる子《こ》や…わしは今《いま》からのっぴきならない事情《じじょう》でローラースルーゴーゴーを返品《へんぴん》してくる…
おじーーちゃ〜ん

拍車《はくしゃ》をかける

ザバー
拍車

意味《いみ》 物事《ものごと》の進《すす》みぐあいを、力《ちから》を加《くわ》えていっそう速《はや》くさせる。

解説《かいせつ》 拍車《はくしゃ》（下《した》の欄《らん》で説明《せつめい》）をけって馬《うま》をいっそう速《はや》く走《はし》らせるということで、物事《ものごと》をいちだんと速《はや》く進《すす》めるようすに使《つか》われる、勢《いきお》いのよい慣用句《かんようく》です。「かける」は、その道具《どうぐ》を働《はたら》かせることで、漢字《かんじ》では「掛《か》ける」と書《か》きます。

使《つか》い方《かた》 高校《こうこう》の入学試験《にゅうがくしけん》が近《ちか》づいて、姉《あね》は拍車《はくしゃ》をかけて猛勉強《もうべんきょう》している。この勢《いきお》いなら、合格《ごうかく》まちがいなしだろう。

拍車《はくしゃ》

「**拍車《はくしゃ》**」は、乗馬用《じょうばよう》の靴《くつ》のかかとに取《と》りつける、歯車《はぐるま》のついた金具《かなぐ》です。これで馬《うま》の腹《はら》をけって、馬《うま》の走《はし》る速《はや》さを調節《ちょうせつ》します。大《おお》きい刺激《しげき》をあたえると、馬《うま》はいっそう速《はや》く走《はし》ります。「**拍《はく》**」は打《う》つ意味《いみ》です。

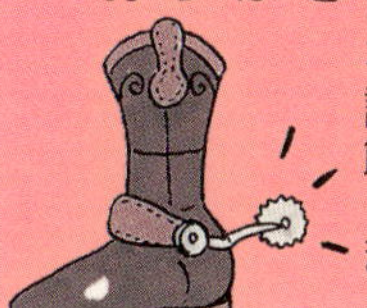

運動会前日《うんどうかいぜんじつ》――
よし今日もがんばるぞー
拍車《はくしゃ》をかける3年《ねん》4組《くみ》
みんながんばってるブー
おうあしただもんな
腹《はら》が減《へ》って動《うご》けない
大丈夫《だいじょうぶ》か小杉《こすぎ》！
うん…
がんばれ今日《きょう》の給食《きゅうしょく》はあげパンだ
よしっ待《ま》ってろあげパン
あげパンと聞《き》いて練習《れんしゅう》に拍車《はくしゃ》をかける小杉《こすぎ》であった――

薄氷《はくひょう》を踏《ふ》む

意味《いみ》 びくびくしながら、ひじょうに危険《きけん》な場面《ばめん》に臨《のぞ》む。

解説《かいせつ》 今《いま》にも割《わ》れそうな薄《うす》い氷《こおり》の上《うえ》を歩《ある》くということで、危《あぶ》ない危《あぶ》ないとびくびくしているようすを表《あらわ》していることばです。中国《ちゅうごく》の書物《しょもつ》で、「薄氷《はくひょう》を履《ふ》むが如《ごと》し」という形《かたち》で使《つか》われていた慣用句《かんようく》です。「薄氷《はくひょう》」は、訓《くん》で読《よ》むと「薄氷《うすごおり》」で、薄《うす》く張《は》った氷《こおり》です。

ピシッ

使い方《つかいかた》 ピンチの連続《れんぞく》は、薄氷《はくひょう》を踏《ふ》む思《おも》いだった。それでも踏《ふ》んばって、一点《てん》差《さ》で勝《か》つことができた。

「虎《とら》の尾《お》を踏《ふ》む」

薄氷《はくひょう》を踏《ふ》むのは危険《きけん》ですが、虎《とら》のしっぽを踏《ふ》んだら、どうなるでしょう？ かみつかれます。そこで中国《ちゅうごく》の書物《しょもつ》では「**薄《はく》氷《ひょう》を踏《ふ》む**」と「**虎《とら》の尾《お》を踏《ふ》む**」が危険《きけん》を表《あらわ》すことばの代表《だいひょう》として、並《なら》べて使《つか》われていました。

ギロ
ムギュ

だんがいぜっぺきの道《みち》を進《すす》む探検隊《たんけんたい》
こわいブー オレは高《たか》い所《ところ》が苦手《にがて》だブー
下《した》は見《み》ないで周《まわ》りはズバリ!! 海《うみ》だと思《おも》えばよいでしょう
がんばるブー
オイラはカナヅチだじょ〜
泳げないじょーー
高いブ〜
薄氷《はくひょう》を踏《ふ》む思《おも》いでがけ道《みち》をぬける探検隊《たんけんたい》であったーー

歯応《はごた》えがある

コリコリ

意味《いみ》　こちらのしたことに、相手《あいて》からそれなりの反応《はんのう》がある。

解説《かいせつ》　口《くち》の中《なか》で物《もの》をかんだとき、歯《は》に受《う》ける感《かん》じが「歯応《はごた》え」です。固《かた》い物《もの》だと歯応《はごた》えがあり、やわらかすぎると歯応《はごた》えはありません。まるで物《もの》をかんだときのように、自分《じぶん》のしたことに、相手《あいて》がそれに合《あ》わせて反応《はんのう》するようすを表《あらわ》している慣用句《かんようく》です。

使《つか》い方《かた》　みんな熱心《ねっしん》で、いい質問《しつもん》が続《つづ》く。このクラスでの授業《じゅぎょう》は歯応《はごた》えがあり、教《おし》えがいがある。

応《こた》え・応《こた》える

解答《かいとう》・返答《へんとう》の「**答《こた》え・答《こた》える**」に対《たい》し、ほかからの働《はたら》きかけを受《う》けて、それに報《むく》いる態度《たいど》を示《しめ》すのは「**応《こた》え・応《こた》える**」です。「**見《み》応《ごた》えがある**」「**要《よう》望《ぼう》に応《こた》える**」などと使《つか》います。「**期《き》待《たい》に応《こた》える**」人《ひと》になりましょう。

がんばるぞ——

お母《かあ》さん まる子《こ》のこづかい上《あ》げてよ
えっ なんで
こづかいが上《あ》がればいろいろとやる気《き》も出《で》てくるものなの
それもそうね
よし 歯応《はごた》えあり!!
じゃあこうしましょう!!
それにはまる子《こ》が全教科《ぜんきょうか》90点《てん》以上《いじょう》取《と》って朝寝坊《あさねぼう》しなくなったらね
歯応《はごた》えがあったわけではなかった——

は

梯子《はしご》を外《はず》される

意味《いみ》　自分《じぶん》が役目《やくめ》を果《は》たそうとしている間《あいだ》に、味方《みかた》に見放《みはな》され、困《こま》った立場《たちば》に立《た》たされる。

解説《かいせつ》　梯子《はしご》を使《つか》って高《たか》い所《ところ》に登《のぼ》り、仕事《しごと》をしている間《あいだ》に、下《した》にいる仲間《なかま》がその梯子《はしご》を外《はず》してしまい、置《お》き去《ざ》りにされてしまうということです。上《うえ》の人《ひと》は降《お》りるに降《お》りられず、大弱《おおよわ》りの状態《じょうたい》です。

使《つか》い方《かた》　おだてられて、先生《せんせい》に宿題《しゅくだい》を少《すく》なくしてほしいと交渉《こうしょう》に行《い》ったのに、みんな逃《に》げてしまい、梯子《はしご》を外《はず》された形《かたち》になってしまった。

梯子《はしご》する

続《つづ》けて映画館《えいがかん》に入《はい》ったり、ショッピングを次々《つぎつぎ》にしたりすることを「**梯子《はしご》する**」といいます。梯子《はしご》の段々《だんだん》を登《のぼ》るのと似《に》ているからです。もともとは、大人《おとな》が店《みせ》を変《か》えてお酒《さけ》を飲《の》み歩《ある》く「**梯子酒《はしござけ》**」から出《で》たことばです。

梯子《はしご》を外《はず》されるって何《なに》？
みんなにおだてられ一役買《ひとやくか》ったはいいがいざとなったときほかのみんなは逃《に》げてしまう意味《いみ》じゃ
あんまりいい意味《いみ》じゃないね
そうじゃ想像《そうぞう》しただけでおそろしい意味《いみ》じゃ
よーしみんなでがんばるよ
さくら友蔵《ともぞう》俳句発表会《はいくはっぴょうかい》
がら〜ん
し──ん
はあこわい
ほんとじゃ
ブル
想像《そうぞう》だけで梯子《はしご》を外《はず》された気分《きぶん》になる ふたりであった

旗色《はたいろ》が悪《わる》い

意味《いみ》 物事《ものごと》の成《な》り行《ゆ》きが悪《わる》い。負《ま》けそうである。

解説《かいせつ》 戦場《せんじょう》で、軍旗《ぐんき》のひるがえるようすがよくないということで、形勢《けいせい》が悪《わる》く、不利《ふり》な状況《じょうきょう》にあることを表《あらわ》しています。「旗色《はたいろ》」の「色《いろ》」はようすのことで、「旗色《はたいろ》が悪《わる》い」の反対《はんたい》は「旗色《はたいろ》がよい」です。「旗色《はたいろ》を見《み》る」という使《つか》われ方《かた》もあります。

使《つか》い方《かた》 試合《しあい》の後半《こうはん》、エースが肩《かた》を痛《いた》めてしまい、だんだん、わがチームの旗色《はたいろ》が悪《わる》くなってきた。

ギャーギャーギャー
うっ…
まずい
旗色《はたいろ》が
悪《わる》くなって
きたね
こうなったら…
あっヒデキの
ブロマイド
落《お》としちゃった
えっ
ヒデキ!?
旗色《はたいろ》が悪《わる》いときの
奥《おく》の手《て》である――

発破《はっぱ》をかける

発破

意味《いみ》 強《つよ》い口調《くちょう》ではげます。

解説《かいせつ》 「発破《はっぱ》」は、土木工事《どぼくこうじ》で岩山《いわやま》などを爆破《ばくは》する装置《そうち》、またはその火薬《かやく》です。たるんでいる心《こころ》にドカンと気合《きあ》いを入《い》れるのが「発破《はっぱ》をかける」で、似《に》た意味《いみ》のことばに「ねじを巻《ま》く」があります。

使《つか》い方《かた》 このごろ、授業態度《じゅぎょうたいど》がだらけている。そこで先生《せんせい》が「もっと真剣《しんけん》に！」と全員《ぜんいん》に発破《はっぱ》をかけたら、次《つぎ》の時間《じかん》から、みんなしゃきっとした。

がんばれ
がんばるんじゃ
やればできる
みんなもっと
発破《はっぱ》をかけて!!
夏休《なつやす》み最終日《さいしゅうび》
がんばれ
がんばれ
まる子
しっかり
あわわわ
家族《かぞく》に
発破《はっぱ》をかけられて
夏休《なつやす》みの宿題《しゅくだい》をこなす
まる子《こ》であった――

は

花《はな》も実《み》もある

キャー

意味《いみ》 見《み》た目《め》も美《うつく》しく、中身《なかみ》もりっぱである。

解説《かいせつ》 枝《えだ》に美《うつく》しい花《はな》が咲《さ》き、りっぱな実《み》もつくということです。人間《にんげん》の場合《ばあい》「花《はな》」は外見《がいけん》で「実《み》」は中身《なかみ》です。姿形《すがたかたち》が美《うつく》しく、道理《どうり》をきちんとわきまえている人《ひと》を指《さ》して使《つか》います。似《に》ていることばに「色《いろ》も香《か》もある」があります。これは、おもに女《おんな》の人《ひと》に使《つか》います。

使《つか》い方《かた》 エッセイストとしても活躍《かつやく》しているあの俳優《はいゆう》は、まさに花《はな》も実《み》もある人生《じんせい》を送《おく》っているといえる。

「名実《めいじつ》ともに」

「花《はな》も実《み》も」をいいかえると、「名実《めいじつ》ともに」となります。「花《はな》」にあたる「名《めい》」は、世間《せけん》の評判《ひょうばん》です。評判《ひょうばん》どおり、実力《じつりょく》もあるのです。「名実《めいじつ》ともにすぐれている」「名実《めいじつ》ともに世界一《せかいいち》」…、うらやましいことばです。

フムフム

花《はな》も実《み》もあるといえば花輪《はなわ》クンかなぁ?
うんうんそうだね
城ケ崎《じょうがさき》さんもそうだよね
いえるいえる
あとはだれかなぁ
う〜〜〜ん
…………
わ・た・し
…………
花《はな》も実《み》もあると自負《じふ》するみぎわさんであった——

もっと知《し》りたい　慣用句《かんようく》コラム⑤

お金《かね》にまつわる慣用句《かんようく》

Time《タイム》 is《イズ》 money《マネー》.
ボクに ムダな 時間《じかん》はないのさ
キャー 花輪クン ステキー

西洋《せいよう》の有名《ゆうめい》なことばのひとつに、「**時《とき》は金《かね》なり**」があります。時間《じかん》はお金《かね》のように大事《だいじ》だから、大事《だいじ》に使《つか》おうという教《おし》えです。英《えい》語《ご》で「**Time is money.**（タイム・イズ・マネー）」――やさしいので、おぼえておきましょう。子《こ》どもにとっても大人《おとな》にとっても「タイム・イズ・マネー」ですね。

花咲《はなさ》かじいさんは、枯《か》れ木《き》に花《はな》を咲《さ》かせましたが、もしお金《かね》の実《み》がなる木《き》があったらいいですね。そこでできたのが「**金《かね》のなる木《き》**」。どんどんお金《かね》を生《う》み出《だ》す物《もの》や人《ひと》を指《さ》して使《つか》うことばです。けれど、あまりあてにしてはいけません。やはり、毎日《まいにち》のこつこつとした努力《どりょく》が必要《ひつよう》です。

なんとかしたいと思《おも》っているのにお金《かね》の無《な》いとき、「**無《な》い袖《そで》は振《ふ》れぬ**」といいます。着物《きもの》の袖《そで》が無《な》いので、振《ふ》ろうとしても振《ふ》れないということで、ただ「お金《かね》が無《な》い」とずばりいうより、やわらかい感《かん》じを相手《あいて》に伝《つた》えます。

お金《かね》が入《はい》ると、「**金《かね》は天下《てんか》の回《まわ》り持《も》ち**」だから、また入《はい》ってくるさと、どんどん使《つか》ってしまう人《ひと》がいます。たしかにお金《かね》は、人《ひと》から人《ひと》へと渡《わた》っていきます。けれど、やはり大事《だいじ》に使《つか》いましょう。このことばは、お金《かね》の無《な》い人《ひと》への「そのうち回《まわ》ってくるよ」というはげましのことばとしても使《つか》われます。「**金《かね》は天下《てんか》の回《まわ》りもの**」ともいいます。

なお、お金《かね》のことを「**おあし**」ともいいますね。足《あし》のように、あちらこちらに出回《でまわ》るからです。

慣用句《かんようく》クイズ6
植物《しょくぶつ》がらみのいろいろ

?の中《なか》に入《はい》ることばは なぁに? ヒントの文字《もじ》と絵《え》をよく見《み》て答《こた》えてね!

1 ?を割《わ》ったよう

【気性《きしょう》がさっぱりしていて、まっすぐなようす】

?が、すぱっとまっすぐに割《わ》れるところから。

2 枯《か》れ木《き》に ?

【いったんおとろえたものが、再《ふたた》び勢《いきお》いをとりもどすこと】

老木《ろうぼく》なのにがんばって、?を咲《さ》かすことから。「枯《か》れ木《き》に?咲《さ》く」「老《お》い木《き》に?」とも。

3 ?づる式《しき》

【ひとつのことから、それに関連《かんれん》することがらが、次々《つぎつぎ》と表《おもて》に現《あらわ》れて明《あき》らかになること】

?のつるをたどると、地中《ちちゅう》から次々《つぎつぎ》にそれが出《で》てくることから。

4 柳《やなぎ》に?と受《う》け流《なが》す

【相手《あいて》にさからわないで、上手《じょうず》にあしらうこと】

柳《やなぎ》の枝《えだ》がしなやかに、?にさからわないでなびくことから。「柳《やなぎ》に?」とも。

5 火中《かちゅう》の?をひろう

【他人《たにん》の利益《りえき》のために、あえて危険《きけん》な目《め》にあうこと】

猫《ねこ》が、ずるがしこい猿《さる》におだて

◆◆◆ ヒント ◆◆◆

塩《しお》	竹《たけ》	筍《たけのこ》
花《はな》	葉《は》	栗《くり》
瓜《うり》	風《かぜ》	芋《いも》

★答《こた》えは左《ひだり》ページにあります。

られ、火《ひ》の中《なか》で焼《や》けている[?]をひろおうとして大《おお》やけどをする『イソップ物語《ものがたり》』の中《なか》の話《はなし》から。

6 根《ね》も[?]もない

【根拠《こんきょ》となるものも、証拠《しょうこ》となるものも、まったくないこと】

根《ね》もなければ、[?]もない植《しょく》物《ぶつ》などないことから。

7 [?]ふたつ

【顔《かお》つきや姿《すがた》がそっくりなこと】

[?]をふたつに割《わ》ると、同《おな》じ形《かたち》のものがふたつできることから。

「[?]をふたつに割《わ》ったよう」とも。

8 雨後《うご》の[?]

【よく似《に》たことが、次々《つぎつぎ》と現《あらわ》れ出《で》てくることのたとえ】

雨《あめ》が降《ふ》ったあとの竹《たけ》やぶに、あちこちで[?]が、ぞくぞくと生《は》えて出《で》るようすから。

9 青菜《あおな》に[?]

【急《きゅう》に元気《げんき》をなくし、うなだれてしまうようす】

青菜《あおな》に[?]をふりかけると、しおれてしまうことから。

好《す》きな植物《しょくぶつ》

まる子《こ》は チューリップが 好《す》きだね
わたしも
ぼくは 金木犀《きんもくせい》の かおりが 好《す》きだな
ボクは だんぜん バラだね
まるで ベイビーたちの ようだからね
わたしは ドクダミ…
ボソ
………

うーん なにもない…
そうですね〜
テスト
危

答《こた》え

①竹《たけ》を割《わ》ったよう
②枯《か》れ木《き》に花《はな》 ③芋《いも》づる式《しき》
④柳《やなぎ》に風《かぜ》と受《う》け流《なが》す
⑤火中《かちゅう》の栗《くり》をひろう
⑥根《ね》も葉《は》もない
⑦瓜《うり》ふたつ ⑧雨後《うご》の筍《たけのこ》
⑨青菜《あおな》に塩《しお》

花《はな》を持《も》たせる

意味《いみ》 勝利《しょうり》や名誉《めいよ》を、相手《あいて》にゆずる。

解説《かいせつ》 きれいな花《はな》をだくと、だれもがすてきに見《み》えます。そこでできたのが、この慣用句《かんようく》です。ほんとうは自分《じぶん》が手《て》にするはずの花《はな》を、相《あい》手《て》にゆずり、相手《あいて》を引《ひ》き立《た》たせるのです。この「花《はな》」は勝利《しょうり》や名誉《めいよ》のたとえで、その栄光《えいこう》をゆずって相手《あいて》を喜《よろこ》ばせるのです。ときどき目《め》にする、美《うつく》しい光景《こうけい》です。

使《つか》い方《かた》 はさみ将棋《しょうぎ》で、まる子《こ》に負《ま》けたおじいちゃん。真相《しんそう》は、孫《まご》に花《はな》を持《も》たせたのでした。

ハイ どうぞ
えっ……

やったー まる子の 勝ちー
あら すごいわね まる子《こ》
おっ まる子《こ》 勝《か》ったのか?
うん
まる子《こ》に 花《はな》を 持《も》たせたのよ 負《ま》けると ふてくされる でしょ
ああ なるほどな
わしは 全力《ぜんりょく》を 出《だ》したん じゃがの…
……次《つぎ》は おじいちゃんに 花《はな》を持《も》たせようと思《おも》う お姉《ねえ》ちゃんであった——

花《はな》と華《はな》

「**はな**」には「**花《はな》**」と「**華《はな》**」があります。意味《いみ》は同《おな》じですが、使《つか》い方《かた》が少《すこ》しちがいます。ふつうは「**花《はな》**」ですが、花《はな》のように美《うつく》しいようすを表《あらわ》すときは、おもに「**華《はな》**」で表《あらわ》します。「**華《はな》やか**」「**華々《はなばな》しい**」などです。

羽目《はめ》を外《はず》す

意味《いみ》 調子《ちょうし》に乗《の》って、程度《ていど》を越《こ》す。

解説《かいせつ》 「羽目《はめ》」は手綱《たづな》をつけるために、馬《うま》にくわえさせる「くつわ」の一《いち》部分《ぶぶん》で、これを外《はず》すと馬《うま》が勝手《かって》に走《はし》り回《まわ》ります。そこで、度《ど》を越《こ》えてふざけ回《まわ》ることを「羽目《はめ》を外《はず》す」といいます。「羽目《はめ》」はもともと「馬銜《はみ》」で、これが「はめ」と変《か》わって「羽目《はめ》」、または「破目《はめ》」と書《か》かれるようになりました。

使《つか》い方《かた》 友《とも》だちとの楽《たの》しい集《あつ》まりだからといって、羽目《はめ》を外《はず》さないようにね。まだ、小学生《しょうがくせい》なんだから。

くつわ虫《むし》

「**羽目《はめ》**」は、馬《うま》の口《くち》にくわえさせる「**くつわ**」の一部分《いちぶぶん》です。このくつわは、ガチャガチャと音《おと》を立《た》てます。そこで、その音《おと》と似《に》ている鳴《な》き声《ごえ》を出《だ》す虫《むし》を「**くつわ虫《むし》**」と名《な》づけたのです。鳴《な》くのは雄《おす》の虫《むし》です。

くつわ
くつわ虫《むし》

ほんとうに ひとりで だいじょうぶ？
戸閉《とじ》まり 気《き》を つけるんだぞ
うん
行《い》ってきます
いってらっしゃい
ガラガラ ピシャ
まんがを読《よ》んで アイスとお菓子《かし》を 好《す》きなだけ 食《た》べて… それから それから
まる子《こ》は 自由《じゆう》だ――
ガラ
羽目《はめ》を 外《はず》すんじゃ ないわよ
………
お見通《みとお》しである――

判《はん》で押《お》したよう

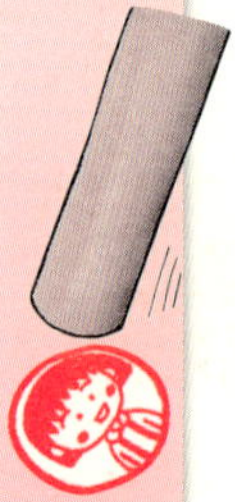

意味《いみ》 同《おな》じようなくり返《かえ》しで、少《すこ》しの変化《へんか》もないようす。

解説《かいせつ》 ひとつの判子《はんこ》を使《つか》うと、いつでも何回《なんかい》でも同《おな》じ形《かたち》が現《あらわ》れます。このことから、いつも同《おな》じというたとえとして、このことばが使《つか》われています。「判《はん》を」押《お》す、ではなく、「判《はん》で」押《お》したように同《おな》じ形《かたち》が現《あらわ》れる、という意味《いみ》です。

使い方《つかいかた》 うちの子《こ》どもは、学校《がっこう》から帰《かえ》ると宿題《しゅくだい》はあと回《まわ》しにして、遊《あそ》びに出《で》ていく。判《はん》で押《お》したような毎日《まいにち》だけど、よくあきが来《こ》ないわね。

判子《はんこ》

「**判**《はん》」のことを「**判子**《はんこ》」ともいいますね。判子《はんこ》は、文書《ぶんしょ》などを印刷《いんさつ》して発行《はっこう》する意味《いみ》の「**版行**《はんこう》」から変《か》わってできたことばです。漢字《かんじ》もそれらしく当《あ》てられ、かわいらしく、いいやすく、わかりやすくなりました。

そうじして洗《せん》たくしてご飯作《はんつく》って…判《はん》で押《お》したような毎日《まいにち》ね…
たまにはあっと驚《おどろ》くようなこともないとね
……
次《つぎ》の日《ひ》
お母《かあ》さん驚《おどろ》くかな?
ただいま!
ギャ
おかーさん全身《ぜんしん》泥《どろ》だらけ!
その次《つぎ》の日《ひ》
ただいまー
お母《かあ》さん道《みち》でヘビの抜《ぬ》けがら見《み》つけたよ
毎日毎日《まいにちまいにち》判《はん》で押《お》したようにまる子《こ》は何《なに》かしでかしてくれるわね

引《ひ》きも切《き》らず

意味《いみ》 あとからあとから、絶《た》えることなく。

解説《かいせつ》 続《つづ》いているものを引《ひ》いて切《き》ることを「引《ひ》き切《き》り」といい、これが発音《はつおん》の関係《かんけい》で「引《ひ》っ切《き》り」となりました。そして、切《き》れないで続《つづ》いている状態《じょうたい》は「引《ひ》っ切《き》りなし」です。この「引《ひ》っ切《き》りなし」の改《あらた》まった言《い》い方《かた》が「引《ひ》きも切《き》らず」です。「引《ひ》きも切《き》らない」ともいいます。続《つづ》いているままです。

使《つか》い方《かた》 この店《みせ》の料理《りょうり》はおいしいので、引《ひ》きも切《き》らずお客《きゃく》さんが訪《おとず》れる。

閑古鳥《かんこどり》

引《ひ》きも切《き》らずにお客《きゃく》さんが並《なら》ぶのは、お店《みせ》にとってはうれしいかぎりです。しかし、お客《きゃく》さんがさっぱり来《こ》なかったら…？ このようすは「**閑《かん》古鳥《こどり》が鳴《な》く**」です。72ページを読《よ》んでみましょう。さびしくなります。

がら——ん

うわっ 何《なに》 この行列《ぎょうれつ》
うわあ 引《ひ》きも切《き》らずにどんどん列《れつ》が増《ふ》えてるね
ほんとうだ 一体《いったい》なんのお店《みせ》だろう
あっ まるちゃん おだんご屋《や》さんだよ 新《あたら》しくオープンしたんだね
だんごや
本日開店
いいなあ
まる子《こ》も食《た》べたいなー
いいな いいな
引《ひ》きも切《き》らず並《なら》ぶ列《れつ》の先頭《せんとう》には
まる子《こ》や待《ま》ってるんじゃ
孫《まご》の喜《よろこ》ぶ顔《かお》見《み》たさに苦労《くろう》をおしまない友蔵《ともぞう》がいるのである——
フッ…

ひ

引《ひ》く手《て》数多《あまた》

意味

ほしいと、求《もと》める人《ひと》が多《おお》い。

解説

「こっちへ、こっちへ」と、あちらこちらから手《て》を出《だ》して、引《ひ》っぱるようすを表《あらわ》しています。「あまた」は、「余《あま》る・余《あま》す」の「あま」からできたことばで、数《かず》や量《りょう》がふつう以上《いじょう》にあることです。数《かず》が多《おお》い意味《いみ》の熟語《じゅくご》「数多《すうた》」に当《あ》てて、「数多《あまた》」と読《よ》ませています。もてもての状態《じょうたい》です。また、「許多《あまた》」とも書《か》きます。

キャー
キャー

使い方

高校野球《こうこうやきゅう》で一躍有名《いちやくゆうめい》になった彼《かれ》に、プロ球団《きゅうだん》から引《ひ》く手数多《てあまた》だ。

あまた

数量《すうりょう》を表《あらわ》すことばには「**たくさん**・**いっぱい**」など、いろいろありますが、中《なか》でも古《ふる》いのは「**あまた**」です。奈良時代《ならじだい》の万葉集《まんようしゅう》の中《なか》に、すでに「**安麻多**《あまた》」と記《しる》され詠《よ》まれています。歴史《れきし》を感《かん》じさせることばです。

ドッジボール――
大野《おおの》くん こっちのチーム に入《はい》ってよ
杉山《すぎやま》くんは こっちに来《き》てよ
大野《おおの》くん
杉山《すぎやま》くん
引《ひ》く手数多《てあまた》の ふたり――
仕方《しかた》ない 別々《べつべつ》の チームだな
そうだな
あとチームの 決《き》まってない のは… さくらか
どう する？
どっち でも いいけど
引《ひ》く手数多《てあまた》とはいかない まる子《こ》の存在《そんざい》であった

額《ひたい》に汗《あせ》する

意味《いみ》 力《ちから》を出《だ》して、いっしょうけんめいに働《はたら》く。

解説《かいせつ》 いっしょうけんめいに体《からだ》を動《うご》かしていると、自然《しぜん》と額《ひたい》に汗《あせ》がにじみ出《で》てきます。そこで、けんめいに働《はたら》いているようすを「額《ひたい》に汗《あせ》する」といいます。額《ひたい》の汗《あせ》をぬぐいながら、仕事《しごと》に打《う》ちこんでいる姿《すがた》が目《め》に浮《う》かぶ慣用句《かんようく》です。美《うつく》しい汗《あせ》です。

使《つか》い方《かた》 この田畑《たはた》は、祖父《そふ》が額《ひたい》に汗《あせ》して開《ひら》いたものだ。父《ちち》のあとは、ぼくがついで、農業《のうぎょう》にはげもう。

汗《あせ》をかく

汗《あせ》のかき方《かた》は、いろいろです。流《なが》れるような状態《じょうたい》になるのは「**汗《あせ》だく**」で、「**汗《あせ》みずく**」「**汗《あせ》みどろ**」という言《い》い方《かた》もあります。そして、少《すこ》し出《で》るのは「**汗《あせ》ばむ**」。ほかに、どんなのがあるでしょう。

どうだ!! うまいだろ 額《ひたい》に汗《あせ》して働《はたら》いたから食《く》えるんだぞ
うん おいしい
お父《とう》さんは働《はたら》き者《もの》だね〜
尊敬《そんけい》しちゃう
うらやましいのう……
わしだって ほめられたい!!
わしが額《ひたい》に汗《あせ》して作《つく》った折鶴《おりづる》じゃ
額《ひたい》に汗《あせ》するはずもない——

ひ

一《ひと》息《いき》入《い》れる

意味《いみ》 一休《ひとやす》みする。

解説《かいせつ》 仕事《しごと》や勉強《べんきょう》の途中《とちゅう》で、ちょっと休《やす》むのが「一息《ひといき》入《い》れる」です。つかれをとって、元気《げんき》を取《と》りもどすために休《やす》むのです。「一息《ひといき》」は、息《いき》を吸《す》ったり吐《は》いたりを、一回《かい》することで、短《みじか》い時間《じかん》も表《あらわ》します。「一息《ひといき》でやってしまう」などとも使《つか》われます。なお「息《いき》を入《い》れる」という言《い》い方《かた》もあります。

使《つか》い方《かた》 庭《にわ》の草《くさ》むしりのお手伝《てつだ》いをしていたら、「一息《ひといき》入《い》れなさい」とお母《かあ》さんがジュースを持《も》ってきた。

フ〜
ちょっと一息《ひといき》入《い》れたらどうだい？お茶《ちゃ》でも飲《の》んで…
ずいぶん念入《ねんい》りにそうじしたね
だいぶ汚《よご》れてたから
ただいまー
今日《きょう》は森《もり》に探検《たんけん》に行《い》ってさー
一息《ひといき》入《い》れたのも束《つか》の間《ま》であった

息《いき》をつく

「息《いき》」は「休息《きゅうそく》」と使《つか》われているように、休《やす》むことと深《ふか》く関《かか》わっています。働《はたら》いてばかりだと「**息切《いきぎ》れ**」します。休《やす》む時間《じかん》もないは「**息《いき》をつく暇《ひま》もない**」といいます。息《いき》は命《いのち》をつなぐものです。休《やす》むことも大事《だいじ》です。

フウ

日《ひ》の目《め》を見《み》る

1年《ねん》ぶりのまる子《こ》の毛糸《けいと》のパンツ
……

意味《いみ》 うずもれていたものが、世間《せけん》に知《し》られるようになる。

解説《かいせつ》 暗《くら》い所《ところ》にうずもれていたものに日《ひ》の光《ひかり》が当《あ》たり、みんながその姿《すがた》を見《み》ることができるようになることです。このことばは、特《とく》に価値《かち》のあるものに使《つか》います。価値《かち》が認《みと》められるようになるのです。「日《ひ》の目《め》」は太陽《たいよう》の光《ひかり》です。

使《つか》い方《かた》 長《なが》い間《あいだ》、書《か》きためておいた作品《さくひん》が、やっと日《ひ》の目《め》を見《み》て出版《しゅっぱん》されることになった。苦労《くろう》して書《か》き続《つづ》けたかいがあった。

日《ひ》と火《ひ》

日《ひ》が当《あ》たると、明《あか》るくなります。火《ひ》がともると、やはり明《あか》るくなります。そこで、昔《むかし》の人《ひと》は「日《ひ》」と「火《ひ》」を親戚《しんせき》のように考《かんが》えていました。読《よ》みも同《おな》じ「ひ」、そして「火《か》」と「日《か》」。たしかに親密《しんみつ》です。

あら・あれ・どこにしまったかしら
ガサゴソ
お母《かあ》さん何《なに》探《さが》してるの？
佐々木《ささき》のじいさんから桜《さくら》の小枝《こえだ》をいただいたから桜柄《さくらがら》の花《か》びんに入《い》れようと思《おも》って…
えっ？桜柄《さくらがら》のやつ？
あらなんで食器棚《しょっきだな》に
えっこれ花《か》びんだったの？
カップだと思《おも》ってこの間《あいだ》お茶《ちゃ》飲《の》んじゃったよ！
10年《ねん》ぶりに本来《ほんらい》の役割《やくわり》をはたして日《ひ》の目《め》を見《み》る花《か》びんであった――

火《ひ》花《ばな》を散《ち》らす

バキ
バチ

意味《いみ》 たがいに、はげしく争《あらそ》う。

解説《かいせつ》 鉄《てつ》などの金属《きんぞく》がぶつかり合《あ》うと、火花《ひばな》が出《で》ます。ふたりが刀《かたな》を抜《ぬ》いて斬《き》り合《あ》うとき、刀《かたな》と刀《かたな》がぶつかって火花《ひばな》が飛《と》び散《ち》るようすが「火花《ひばな》を散《ち》らす」です。たとえ火花《ひばな》が出《で》なくても、はげしく争《あらそ》うとき、このことばを使《つか》います。すさまじい戦《たたか》いです。

使《つか》い方《かた》 少年少女《しょうねんしょうじょ》による剣道大会《けんどうたいかい》が開催《かいさい》された。どの試合《しあい》も火花《ひばな》を散《ち》らす熱戦《ねっせん》で、見応《みごた》えがあった。

負けないよ
オレだって
負けない
ブー
バチ
バチ
バチ

じゃんけん
ポン
あいこで
しょ
好物《こうぶつ》の給食《きゅうしょく》のプリンを
めぐり 火花《ひばな》を散《ち》らす
4人《にん》であった——

火《ひ》ぶたを切《き》る

ワー

意味《いみ》 戦《たたか》いを開始《かいし》する。

解説《かいせつ》 「火《ひ》ぶた」は、昔《むかし》の火縄銃《ひなわじゅう》の火薬《かやく》をこめる所《ところ》にあるふたです。このふたを開《ひら》いて点火《てんか》することを「火《ひ》ぶたを切《き》る」といい、弾《たま》をうつ瞬間《しゅんかん》を表《あらわ》しています。いよいよ、戦《いくさ》・試合《しあい》・競技《きょうぎ》などの開始《かいし》です。「火《ひ》ぶたを切《き》って落《お》とす」ともいいます。

使《つか》い方《かた》 いよいよ熱戦《ねっせん》の火《ひ》ぶたが切《き》られた。どちらが勝《か》つか、わくわくしている。

ついに
戦《たたか》いの火《ひ》ぶたが
切《き》られました
ズバリ!!
勝者《しょうしゃ》は どちらに
なるでしょう!!

火《ひ》ぶたを
切《き》る前《まえ》に
勝負《しょうぶ》が
ついてる
気《き》が……
カブトムシ
とアリの
戦《たたか》いで
ある——

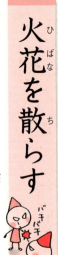

氷山《ひょうざん》の一角《いっかく》

意味《いみ》 表面《ひょうめん》に現《あらわ》れているのはごく一部《いちぶ》だけで、大部分《だいぶぶん》はかくれたままである。

解説《かいせつ》 海面《かいめん》に浮《う》かぶ氷山《ひょうざん》は、見《み》えるのは一部《いちぶ》で、大部分《だいぶぶん》は水面下《すいめんか》にかくれています。このことから、社会《しゃかい》のできごとでも、見《み》える部分《ぶぶん》の何《なん》倍《ばい》もの同《おな》じようなことが、かくれている可能性《かのうせい》があることを、このことばは、ほのめかしています。

使い方《つかいかた》 一流《いちりゅう》ホテルで食材《しょくざい》を偽装《ぎそう》する事《じ》件《けん》が起《お》きた。だがこれは、氷山《ひょうざん》の一角《いっかく》にすぎないとのうわさだ。

あ〜あ まる子《こ》 また こんなに 散《ち》らかして
お母《かあ》さんから 注意《ちゅうい》してよ
だらしないわね 引《ひ》き出《だ》しから 何《なに》か はみだしているわ
そんなの 氷山《ひょうざん》の一角《いっかく》よ その引《ひ》き出《だ》し 開《あ》けないほうが いいよ
え？
ガゴ
ゴミの山《やま》である――
うわ
ね…

水《みず》と氷《こおり》

水《みず》の入《はい》ったコップに氷《こおり》のかたまりを入《い》れると、どうなるでしょう？ 氷《こおり》は水《みず》より軽《かる》いので、浮《う》き上《あ》がって、水面《すいめん》にぽこっと顔《かお》を出《だ》します。出《で》た部分《ぶぶん》は、氷全体《こおりぜんたい》の約七分《やくななぶん》の一で、これが「**氷山《ひょうざん》の一角《いっかく》**」にあたるのです。

ひんしゅくを買《か》う

これください
ひんしゅく

意味《いみ》
人《ひと》にいやなことをいったり、したりして、きらわれる。

解説《かいせつ》
「ひんしゅく」は、漢字《かんじ》で書《か》くと「顰蹙《ひんしゅく》」で、両方《りょうほう》の字《じ》が眉《まゆ》をひそめる、顔《かお》をしかめる意味《いみ》を表《あらわ》しています。人《ひと》を不愉快《ふゆかい》にさせることをいったり、したりして、けいべつされるのです。ここの「買《か》う」は、身《み》に受《う》ける意味《いみ》です。

使《つか》い方《かた》
いたずらばかりしていると、友《とも》だちのひんしゅくを買《か》うことになるわよ。少《すこ》しはまじめな学校生活《がっこうせいかつ》を送《おく》るように、心《こころ》がけなさい。

買《か》う

「**ひんしゅくを買《か》う**」のように、よくないことを身《み》に受《う》ける「買《か》う」には「**うらみを買《か》う**」「**怒《いか》りを買《か》う**」「**ねたみを買《か》う**」などがあります。評判《ひょうばん》の場合《ばあい》は「**不評《ふひょう》を買《か》う**」です。どれも自分《じぶん》に降《ふ》りかかり、ぱっとしません。

どれも買《か》いたくないね

きみはひきょうなことをしてひんしゅくを買《か》ったね
それはちがうよ
ボクはひきょうだけどひんしゅくを買《か》うようなことはしてないね
ボクは見《み》ていたよ
給食当番《きゅうしょくとうばん》だったきみは自分《じぶん》の皿《さら》だけ苦手《にがて》な野菜《やさい》を入《い》れなかっただろ!
なんでそれをっ!!
永沢《ながさわ》のやつ細《こま》かいな…
感《かん》じ悪《わる》いブ――
ちょっぴりひんしゅくを買《か》う永沢《ながさわ》くんであった――

風《ふう》雲《うん》急《きゅう》を告《つ》げる

出来事

意味《いみ》 大《おお》きなできごとが、今《いま》にも起《お》きそうな状態《じょうたい》である。

解説《かいせつ》 ここの「風雲《ふううん》」は、嵐《あらし》が来《く》る前《まえ》のすばやく動《うご》く風《かぜ》と雲《くも》です。「急《きゅう》」はさしせまっているようすで「急《きゅう》を告《つ》げる」は、危険《きけん》などのたいへんなことがさしせまっていることを知《し》らせる意味《いみ》です。じっとしてはいられません。

使《つか》い方《かた》 ふたつの国《くに》の緊張《きんちょう》が、どんどん高《たか》まっている。風雲急《ふううんきゅう》を告《つ》げるような状勢《じょうせい》の中《なか》、ただただ戦争《せんそう》にならないよう、祈《いの》るだけだ。

たいへんだブー
どうしたのブー太郎《たろう》
大野《おおの》くんと杉山《すぎやま》くんが校庭《こうてい》で6年《ねん》とにらみあってるブー
え〜
それはまさに風雲《ふううん》急《きゅう》を告《つ》げるような雰囲気《ふんいき》でしょう!!
訳《わけ》わからないこといってないで学級委員《がっきゅういいん》なんだからどうにかしてよ
そうだブー
ええっ
ズバリ!!とばっちりでしょう!!
早くいくブー
丸尾《まるお》くんにとっても風雲《ふううん》急《きゅう》を告《つ》げる状況《じょうきょう》であった——

風雲児《ふううんじ》

竜《りゅう》がすばやく動《うご》く風雲《ふううん》に乗《の》って、勢《いきお》いよく天《てん》にのぼっていくように、乱《みだ》れた世《よ》の中《なか》にさっと現《あらわ》れ、大《おお》きな力《ちから》をどんどん発揮《はっき》する英雄《えいゆう》を「風雲児《ふううんじ》」と呼《よ》びます。外国《がいこく》の例《れい》ではナポレオン、日本《にほん》では織田《おだ》信長《のぶなが》でしょうか。

ナポレオン

ふ

風《ふう》前《ぜん》の灯《とも》火《しび》

意味《いみ》 危険《きけん》にさらされ、今《いま》にも命《いのち》が絶《た》えようとしているようす。

解説《かいせつ》 風《かぜ》が吹《ふ》きあたる場所《ばしょ》に置《お》かれた灯火《ともしび》は、今《いま》にも消《き》えてしまいそうです。そのことからこの慣用句《かんようく》は、生命《せいめい》が今《いま》にも終《お》わろうとしているようすを表《あらわ》しています。似《に》たことばに「風《かぜ》の前《まえ》の塵《ちり》」があります。やはり、今《いま》にも風《かぜ》に吹《ふ》き飛《と》ばされそうです。絶体絶命《ぜったいぜつめい》の危機《きき》です。

使《つか》い方《かた》 敵《てき》の大軍《たいぐん》がおし寄《よ》せて来《き》た。味《み》方《かた》の援軍《えんぐん》は、まだ来《こ》ない。もはやわが軍《ぐん》は、風前《ふうぜん》の灯火《ともしび》だ。

あっ おじいちゃん 見《み》て!!
どうした まる子《こ》!!
アリが 水《みず》たまりで おぼれている
アリの命《いのち》は 風《ふう》前《ぜん》の灯《とも》火《しび》じゃ!!
助《たす》けて あげないと
そうじゃ そうじゃ
そして──
とけた アイス
まる子《こ》のアイスも 風《ふう》前《ぜん》の灯《とも》火《しび》であった

灯《とも》す──火《ひ》

明《あか》るくするために灯《とも》す火《ひ》から「灯火《ともしび》」ということばができました。かわいらしい感《かん》じのする、小《ちい》さな明《あ》かりです。また、物《もの》を燃《も》やすことを「焚《た》く」といい、その焚《た》く火《ひ》は「焚《た》き火《び》」です。あたると体《からだ》も心《こころ》も温《あたた》かくなります。

もっと知《し》りたい 慣用句《かんようく》コラム6

空模様《そらもよう》から生《う》まれた慣用句《かんようく》

天気《てんき》はいろいろですが、空模様《そらもよう》にまつわる慣用句《かんようく》もいろいろです。

さえぎる雲《くも》がひとつもなく、空《そら》のかなたまで広《ひろ》がっていく青空《あおぞら》を「**抜《ぬ》けるような**」ということばで表《あらわ》します。気持《きも》ちがいいですね。いつまでも続《つづ》けば…。

しかし、やがて「**泣《な》き出《だ》しそうな**」空《そら》がやってきます。今《いま》にも雨《あめ》が降《ふ》り出しそうだということで、雨《あめ》を涙《なみだ》に例《たと》えたのです。そして、どしゃぶり。これを「**篠突《しのつ》く雨《あめ》**」ともいいます。篠《しの》は細《ほそ》い竹《たけ》(篠竹《しのだけ》)で、まるで篠竹《しのだけ》を束《たば》ねて突《つ》き落《お》としたようだという、すさまじい雨《あめ》です。外《そと》にいる人《ひと》は、しばらくやむのを待《ま》たなければなりません。

「**朝雨《あさあめ》に簑要《みのい》らず**」という、天気《てんき》予報《よほう》のようなことばもあります。朝《あさ》の雨《あめ》はすぐやむから、雨具《あまぐ》を持《も》っていく必要《ひつよう》はないということです。「簑《みの》」はわらなどの植物《しょくぶつ》を編《あ》んで作《つく》った雨具《あまぐ》です。今風《いまふう》にいいかえれば「朝雨《あさあめ》に傘《かさ》要《い》らず」です。ただし、この予報《よほう》が外《はず》れたらさんざんです。

抜《ぬ》けるような空《そら》も泣《な》き出《だ》しそうな空《そら》も、雲《くも》に関係《かんけい》があります。雲《くも》にはかたまりのようなものもありますが、実際《じっさい》には手《て》でつかんでもなんの感触《かんしょく》もありません。そこで、まったく捕《と》らえどころのないようすを「**雲《くも》をつかむよう**」といいます。雲《くも》をつかむような話《はなし》は、だれも信用《しんよう》してくれません。

さて、最後《さいご》に、よく目立《めだ》つのは「**雲《くも》を衝《つ》く**」。まるで雲《くも》を衝《つ》き上《あ》げるように背《せ》が高《たか》いようすです。

泣《な》き出《だ》しそうな空《そら》じゃな
まる子《こ》傘《かさ》はー?
いってきまーす
スカ
つかめない

慣用句《かんようく》クイズ7 食《た》べ物《もの》がらみのいろいろ

?の中《なか》に入《はい》ることばは なぁに? ヒントの文字《もじ》と絵《え》をよく見《み》て答《こた》えてね!

1 ところてん ?

【押《お》し出《だ》されて前《まえ》に進《すす》むこと】

ところてんが突《つ》き出《だ》されるようすから。ところてんは「心太《ところてん》」と書《か》きます。

2 舌《した》 ? を打《う》つ

【うまそうに、ごちそうを食《た》べるようす】

おいしいごちそうを食《た》べて、舌《した》を鳴《な》らすことから。

3 いやいや ? 杯《ばい》

【口先《くちさき》だけでえんりょすること】

いやいやといいながら、すすめられるままに、飲《の》んだり食《た》べたりするようすから。

4 絵《え》にかいた ?

【実際《じっさい》には、役《やく》に立《た》たないことのたとえ】

どんなに上手《じょうず》に、おいしそうにかけても、それが絵《え》では、見《み》るだけで食《た》べられないことから。

5 武士《ぶし》は食《く》わねど ? 楊子《ようじ》

【人《ひと》はまずしくても、ほこり高《たか》く生《い》きるべきだということ】

武士《ぶし》はまずしくて食事《しょくじ》ができないときでも、楊子《ようじ》を使《つか》って満腹《まんぷく》をよそおうものだということから。

◆◆◆ヒント◆◆◆

花《はな》	式《しき》	汁《しる》
三《さん》	餅《もち》	高《たか》
朝《あさ》	鼓《つづみ》	棚《たな》

★答《こた》えは左《ひだり》ページにあります。

6 [?]からぼたもち

【思《おも》いがけない幸運《こううん》が、転《ころ》がりこんでくること】

口《くち》を開《あ》けて寝《ね》ていたら[?]からぼたもちが落《お》ちてきて、うまいぐあいに口《くち》に入《はい》ったことから。「[?]ぼた」「開《あ》いた口《くち》へぼたもち」とも。

7 [?]よりだんご

【風流《ふうりゅう》なことより、利益《りえき》になるものがよいということ】

[?]を見《み》て楽《たの》しむより、おなかいっぱいだんごを食《た》べたほうがありがたいことから。

8 [?]飯前《めしまえ》

【きわめてたやすくできることのたとえ】

[?]ご飯《はん》を食《た》べる前《まえ》の短《みじか》い時間《じかん》でかたづけられることから。

9 うまい[?]を吸《す》う

【なんの苦労《くろう》もしないで、利益《りえき》を得《え》ること】

自分《じぶん》の地位《ちい》や他人《たにん》の力《ちから》を利用《りよう》して、利益《りえき》を得《え》ることから。「甘《あま》い[?]を吸《す》う」とも。

好《す》きな食《た》べ物《もの》

さくらー おまえ なんの 食《た》べ物《もの》が 好《す》き？
えっ まる子《こ》？
まる子《こ》は ハンバーグや プリンが 好《す》きだよ
へえ… じゃあ次《つぎ》は？
えっ なんで そんな こと 聞《き》くの？
………
腹《はら》が 減《へ》ってい るから だよ
空想《くうそう》で食《た》べているのである――

ふー 5分《ふん》で終《お》わったわ
いやいや

答《こた》え

①ところてん式《しき》
②舌鼓《したつづみ》を打《う》つ
③いやいや三杯《さんばい》
④絵《え》にかいた餅《もち》
⑤武士《ぶし》は食《く》わねど高楊子《たかようじ》
⑥棚《たな》からぼたもち
⑦花《はな》よりだんご
⑧朝飯前《あさめしまえ》
⑨うまい汁《しる》を吸《す》う

筆《ふで》が立《た》つ

意味《いみ》 文章《ぶんしょう》を書《か》くのが上手《じょうず》である。

解説《かいせつ》 「筆《ふで》」は、字《じ》を書《か》いたり文章《ぶんしょう》を書《か》いたりする道具《どうぐ》ですが、書《か》いた文章《ぶんしょう》そのものを指《さ》して「筆《ふで》」ともいいます。「立《た》つ」は目立《めだ》つことがらに使《つか》われることばで、ここではすぐれた性能《せいのう》を発揮《はっき》する意味《いみ》です。腕《うで》がいいのは「腕《うで》が立《た》つ」、話《はな》し方《かた》が上手《じょうず》なのは「弁《べん》が立《た》つ」で、それらの「立《た》つ」と同《おな》じです。

使《つか》い方《かた》 あの人《ひと》は、とても筆《ふで》が立《た》つので、将来《しょうらい》は小説家《しょうせつか》になれるかもしれない。いや、きっと成功《せいこう》するだろう。

フフ
わしと孫
仲良しこよしの
さんぽみち

やあ
おじいちゃん
うまい

筆《ふで》

文章《ぶんしょう》の意味《いみ》の「筆《ふで》」のつくことばは、たくさんあります。文章《ぶんしょう》を書《か》くのは「**筆《ふで》を執《と》る**」で、文章《ぶんしょう》を直《なお》すのは「**筆《ふで》を入《い》れる**」です。そして、文章《ぶんしょう》を書《か》く仕事《しごと》をやめることを「**筆《ふで》を折《お》る・筆《ふで》を断《た》つ**」といいます。

長山《ながやま》くん
すばらしい作文《さくぶん》でしたね
パチ
パチ
パチ
すごくいい作文《さくぶん》だったんだよ
すごいのう長山《ながやま》くんは筆《ふで》が立《た》つんじゃな
筆《ふで》が立《た》つ…かまさに長山《ながやま》くんにピッタリなことばだね
そうじゃの
そのころ
うーんもう少《すこ》し手直《てなお》しが必要《ひつよう》かな
筆《ふで》が立《た》つとうわさの長山《ながやま》くんさらに筆《ふで》が立《た》つようにと手直《てなお》しをするのであった

ふるいにかける

意味《いみ》
適《てき》しているか、適《てき》していないかを、より分《わ》ける。

解説《かいせつ》
「ふるい」(下《した》の欄《らん》で説明《せつめい》)を使《つか》って、よいか、よくないかを判断《はんだん》する意味《いみ》で使《つか》う慣用句《かんようく》です。「ふるい」は漢字《かんじ》で「篩《ふるい》」と書《か》き、振《ふ》るい落《お》とす動作《どうさ》からできたことばで、昔《むかし》は「篩《ふる》い落《お》とす」とも書《か》きました。なお、「かける」は、「道具《どうぐ》を使《つか》う」という意味《いみ》です。

使い方《つかいかた》
百人《にん》もの部員《ぶいん》の中《なか》から、ふるいにかけて出場選手《しゅつじょうせんしゅ》を決《き》めるのだから、高校野球《こうこうやきゅう》の監督《かんとく》もたいへんだ。

学級委員《がっきゅういいん》に立候補《りっこうほ》なんてボクは興味《きょうみ》ないよ
ベイビーたちと語《かた》らう時間《じかん》が減《へ》るだろ
ボクはいいよ
学級委員《がっきゅういいん》のがらでもないし…
…じゃあ丸尾《まるお》でいいか
そうだなとりあえず丸尾《まるお》に投票《とうひょう》するか
ふるいにかけられる丸尾《まるお》くんであった――

ふるい

「ふるい」は、丸《まる》や四角《しかく》の枠《わく》の中《なか》に網《あみ》を張《は》った道具《どうぐ》で、中《なか》に粉《こな》や粒《つぶ》などを入《い》れて振《ふ》り動《うご》かし、粗《あら》いものと細《こま》かいものを振《ふ》り分《わ》けるときに使《つか》います。

ふるいの網《あみ》は、今《いま》は金属《きんぞく》などを使《つか》っていますが、昔《むかし》はおもに、細長《ほそなが》くけずった竹《たけ》を用《もち》いたので、漢字《かんじ》の「篩《ふるい》」には「竹《たけ》」がついています。

「ふるい」は、粗《あら》いものと細《こま》かいもののふたつに分《わ》ける、粗《あら》いものだけを選《えら》ぶ、細《こま》かいものだけを選《えら》ぶなど、いろいろな用途《ようと》に合《あ》わせて使《つか》われます。その用途《ようと》によって、網《あみ》の目《め》の大《おお》きさは、さまざまです。

ほうほうの体《てい》

意味《いみ》 さんざんな目《め》にあって、やっと逃《に》げ出《だ》すようす。

解説《かいせつ》 「ほうほう」は「這《は》う這《は》う」ということで、「ほうほうの体《てい》」は這《は》いずり回《まわ》っている、みっともない姿《すがた》です。そのぶざまなかっこうから、あわてふためいている気持《きも》ちを表《あらわ》している慣用句《かんようく》です。「体《てい》」は姿《すがた》・かっこうです。

ハァ
ハァ

使《つか》い方《かた》 新《あたら》しい服《ふく》を着《き》て、さっそうと歩《ある》いていたら、突然《とつぜん》の大雨《おおあめ》。全身《ぜんしん》びしょぬれになり、ほうほうの体《てい》で家《いえ》に逃《に》げるように帰《かえ》った。

体《てい》

姿《すがた》・かっこうを表《あらわ》す「体《てい》」には「**体裁**《ていさい》」があります。外《そと》から見《み》た感《かん》じです。もっともらしい理由《りゆう》を並《なら》べて、体裁《ていさい》よく断《ことわ》るのは「**体**《てい》**よく断**《ことわ》**る**」で、みんなにけいべつされるようなありさまを「**体**《てい》**たらく**」といいます。

ピシ

バレンタインデー
キャーキャー
花輪クーン
キャーキャー
さすが花輪《はなわ》クン
うわっ
キャーキャー
キャーキャー
さくらさんまさかあなたも花輪《はなわ》クンのこと
キャーキャー
えっちがう
ほうほうの体《てい》で抜《ぬ》け出《だ》したまる子《こ》であった——
ぜーぜー
大丈夫まるちゃん

ほえ面《づら》をかく

意味《いみ》 泣《な》き顔《がお》になる。

解説《かいせつ》 「ほえる」というので、勇《いさ》ましいのかと思《おも》うと、そうではなく、泣《な》いているのです。「ほえ面《づら》」は大《おお》声《ごえ》で泣《な》いているときの顔《かお》で、泣《な》きっ面《つら》のことです。そして「ほえ面《づら》をかく」は、おもに相手《あいて》をののしって使《つか》います。似《に》ていることばに「泣《な》きを見《み》る」「泣《な》きを見《み》せる」などがあります。

使い方《つかいかた》 遊《あそ》んでばかりいると、夏休《なつやす》みの終《お》わりに、ほえ面《づら》をかくよ。少《すこ》しずつでも、宿題《しゅくだい》をしておきなさい。

かく

「**ほえ面《づら》をかく**」のように、あまり好《この》ましくない状態《じょうたい》を表《あらわ》している「**かく**」があります。「**かく**」には「**べそをかく**」「**泣《な》きべそをかく**」ともいいます。「**恥《はじ》をかく**」もあります。どれもかきたくない「**かく**」です。

ぐすん

ちょっと探検《たんけん》に行《い》ってくる!!
あんまり遠《とお》くに行《い》くんじゃないわよ
3時間後《じかんご》――
うえっ ひっく
迷子《まいご》になりほえ面《づら》をかくまる子《こ》
まる子《こ》ーー
おじーーちゃーーん
だから遠《とお》くに行《い》くんじゃないっていったでしょ
お母《かあ》さんにしかられさらに ほえ面《づら》をかくまる子《こ》であった――

ほ

ほとぼりが冷《さ》める

ほとぼり
さめた

意味《いみ》 しばらく続《つづ》いていた熱気《ねっき》が、おさまる。

解説《かいせつ》 熱《あつ》くなることを「ほとおる」といいます。そして、その熱《ねつ》を「ほとおり」といい、それが「ほとぼり」となりました。そこで、人々《ひとびと》の関《かん》心《しん》や興奮《こうふん》をこの熱《ねつ》にたとえて「ほとぼりが冷《さ》める」という慣用句《かんようく》が生《う》まれました。漢字《かんじ》では、「熱《ほとぼり》」や「余熱《ほとぼり》」と表《あらわ》すこともあります。

使《つか》い方《かた》 一時《いっとき》、あんなに夢中《むちゅう》になったゲームなのに、もうあきたのかい。ほとぼりが冷《さ》めるのも早《はや》いなあ。

火《ほ》

「ほとぼり」の「ほ」は「火《ひ》」のことです。「火《ひ》」が「火《ほ》」として残《のこ》っていることばには、「**火《ほ》照《て》る**」があります。顔《かお》や体《からだ》が熱《あつ》くなることです。また「**火《ほ》影《かげ》**」もあります。火《ひ》や灯火《ともしび》の光《ひかり》によってできる影《かげ》です。

ポッポッ
ポッポッ

まるちゃん暗《くら》くなってきたからそろそろ帰《かえ》ろうよ
う…うん
どうかしたの?
出《で》かける前《まえ》にお母《かあ》さんにおこられたから ほとぼりが冷《さ》めたころに帰《かえ》ろうかと思《おも》って……
そうなんだ
うーん でもそろそろだいじょうぶかなぁ?
ほとぼりが冷《さ》めるどころか帰《かえ》りの遅《おそ》いまる子《こ》にさらにご立腹《りっぷく》のお母《かあ》さんであった——

骨《ほね》抜《ぬ》きにされる

大事
ああ

意味《いみ》 もっとも大事《だいじ》な部分《ぶぶん》が取《と》りのぞかれ、役《やく》に立《た》たないものにされる。

解説《かいせつ》 体《からだ》を組《く》み立《た》てている骨《ほね》を抜《ぬ》き取《と》られると、体《からだ》は崩《くず》れてしまいます。このことから、計画《けいかく》などの中心部分《ちゅうしんぶぶん》がのぞかれ、価値《かち》のないものになってしまうようすを「骨《ほね》抜《ぬ》きにされる」といいます。

使《つか》い方《かた》 せっかくの名案《めいあん》も、反対派《はんたいは》からの意見《いけん》で骨《ほね》抜《ぬ》きにされ、名《な》ばかりの案《あん》になってしまった。

大漁《たいりょう》大漁《たいりょう》今夜《こんや》は刺身《さしみ》に焼魚《やきざかな》に煮魚《にざかな》にカ――――うまそうだな♬
ただいまー
おかえりなさい 待《ま》てなくて 焼《や》きそば 作《つく》っちゃったわ
ヒロシの思《おも》わくは骨《ほね》抜《ぬ》きにされるのであった――

骨《ほね》身《み》にしみる

じーん

意味《いみ》 心《こころ》に深《ふか》く感《かん》じる。

解説《かいせつ》 骨《ほね》と、その周《まわ》りについている肉《にく》を「骨身《ほねみ》」といいます。その骨《ほね》や肉《にく》にまでしみとおるようだと語《かた》っているのが「骨身《ほねみ》にしみる」で、寒《さむ》さ・苦《くる》しさ・ありがたさ・悲《かな》しさなどに使《つか》われる慣用句《かんようく》です。「骨《ほね》にしみる」という言《い》い方《かた》もあります。

使《つか》い方《かた》 成人《せいじん》して大人《おとな》になると、いっそう親《おや》のありがたさが、骨身《ほねみ》にしみるようになった。

おじいちゃん 待《ま》って!!
どうしたんじゃ まる子《こ》?
おじいちゃんが 風邪《かぜ》を ひかない ように お守《まも》り 作《つく》ったよ ハイ
まる子《こ》のやさしさが 骨身《ほねみ》にしみる 友蔵《ともぞう》であった――

ほ

ほらを吹《ふ》く

あーでこーで

意味《いみ》 ありえないことを、ほんとうらしく、大《おお》げさにいう。

解説《かいせつ》 「ほら」は、ほら貝《がい》の貝《かい》がらに穴《あな》をあけ口金《くちがね》をつけたもので、吹《ふ》くと大《おお》きな音《おと》が出《で》ます。そこから、ありえないようなでたらめを大《おお》げさにいう「ほらを吹《ふ》く」ということばが生《う》まれました。「ほら」は、本来《ほんらい》は山伏《やまぶし》が吹《ふ》いたり、戦《いくさ》で合図《あいず》として使《つか》ったりするものです。

使《つか》い方《かた》 「あしたのテストは百点確実《てんかくじつ》！」と、ほらを吹《ふ》いてみたいけれど、どうせだれも信《しん》じてくれないな。

人間《にんげん》 ほらを吹《ふ》いてはダメだ まっとうに生《い》きないと!!
お父《とう》さんはほらを吹《ふ》いたことないの？
ないね オレは正直者《しょうじきもの》だからな
じゃああした遊園地《ゆうえんち》に連《つ》れてってよ
ダメだ!! あしたは重大《じゅうだい》な任務《にんむ》があるからな
オレがいないと世界《せかい》の平和《へいわ》は守《まも》られねー
へえ どんな任務《にんむ》？
ほらだとわかっていても聞《き》かずにはいられないまる子《こ》であった――

ほら吹《ふ》き

「**ほらを吹《ふ》く**」がどんどん大《おお》げさになると「**大《おお》ぼらを吹《ふ》く**」となります。また、吹《ふ》いて音《おと》を出《だ》すので、ほらの代《か》わりに「**らっぱを吹《ふ》く**」という言《い》い方《かた》もあります。どの場合《ばあい》も吹《ふ》く人《ひと》は「**ほら吹《ふ》き**」といわれます。

ほら
ほら
大ぼら

間《ま》が悪《わる》い

意味《いみ》 めぐり合《あ》わせが悪《わる》く、なんとなく恥《は》ずかしい思《おも》いをする。

解説《かいせつ》 このことばは、運悪《うんわる》く望《のぞ》ましくない状況《じょうきょう》に置《お》かれることで、気《き》が引《ひ》ける、きまりが悪《わる》い、困《こま》ったな、などの気持《きも》ちを含《ふく》んでいます。自《じ》分《ぶん》だけのせいではなく、時間《じかん》などのずれで、そうなってしまったのです。逆《ぎゃく》に、いい場合《ばあい》は「間《ま》がいい」といいます。

使《つか》い方《かた》 制服《せいふく》のボタンを外《はず》して歩《ある》いていたら、間《ま》が悪《わる》いことに、目《め》の前《まえ》に先生《せんせい》が…。急《いそ》いで服装《ふくそう》を整《ととの》えた。

間《ま》が抜《ぬ》ける

「間《ま》」は運《うん》のように、大事《だいじ》なこと、大事《だいじ》なところの意味《いみ》にも多《おお》く使《つか》われます。大事《だいじ》なところが抜《ぬ》けていることを「**間《ま》が抜《ぬ》ける**」といいます。そして、隙《すき》だらけでばかげたことをいうと「間抜《まぬ》け！」としかられます。

間

まる子《こ》!! またこんなくだらないもの買《か》って
ごめんなさい
あんたはいつもいつもむだづかいばかりして
ガミガミガミ
しばらくむだづかい禁止《きんし》よ!! わかった
…はい……
ただいまー
まる子《こ》やたのまれていたまんが買《か》ってきたぞ
間《ま》が悪《わる》いじいさんであった――

巻《ま》き添《ぞ》えを食《く》う

ワーワー

意味 自分《じぶん》に関係《かんけい》のないことに巻《ま》きこまれ、めいわくをこうむる。

解説 「添《そ》え」はそばに置《お》くことで、いっしょに巻《ま》きこんでしまうのが「巻《ま》き添《ぞ》え」です。「食《く》う」は、好《この》ましくないことを身《み》に受《う》けることです。「巻《ま》き添《ぞ》えを食《く》う」は、自分《じぶん》に関《かか》わりのないことに巻《ま》きこまれ、困《こま》った立場《たちば》に立《た》たされるようすを表《あらわ》す慣用句《かんようく》です。

使い方 電車事故《でんしゃじこ》の巻《ま》き添《ぞ》えを食《く》って、家《いえ》へ帰《かえ》るのがおそくなり、さんざんな一日《にち》になってしまった。

食《く》う

「巻《ま》き添《ぞ》えを食《く》う」と似《に》たことばに「**とばっちりを食《く》う**」があります。「**そば杖《づえ》を食《く》う**」というのもあります。杖《つえ》で打《う》ち合《あ》っているけんかのそばにいて、杖《つえ》で打《う》たれてしまうのです。どれも食《た》べたくない「食《く》う」です。

あ

もう1杯《ぱい》!!
まだ飲《の》むの?
もう5杯目《はいめ》よ 少《すこ》し お酒《さけ》 ひかえたら
うるせーな もう1杯《ぱい》って いったら もう1杯《ぱい》なんだよ
まったく なんなの
何《なに》ィ
まあまあ ふたりとも けんかは やめなよ
まる子《こ》は だまってろ
そうよ あんたは 歯《は》みがいて 寝《ね》なさい
巻《ま》き添《ぞ》えを 食《く》う まる子《こ》 であった――

勝《まさ》るとも劣《おと》らぬ

意味《いみ》 勝《まさ》っていることはあっても、劣《おと》っていることはない。

解説《かいせつ》 ほかのものと比《くら》べた場合《ばあい》、少《すく》なくとも同《おな》じか、またはこちらのほうがすぐれているという意味《いみ》です。相手《あいて》もりっぱだけれど、こちらは同《おな》じくらい、もしかしたらそれ以《い》上《じょう》という、力強《ちからづよ》い気持《きも》ちで使《つか》われる慣用句《かんようく》です。「勝《まさ》るとも劣《おと》らない」という言《い》い方《かた》もあります。

使い方《つかいかた》 みぎわさんは、城ヶ崎《じょうがさき》さんに勝《まさ》るとも劣《おと》らぬ、美《うつく》しい少女《しょうじょ》だと思《おも》っているのかなあ。

「勝《しょう》」と「劣《れつ》」

「勝《しょう》」と「劣《れつ》」の字《じ》には、「力《ちから》」が入《はい》っています。力《ちから》の勝《まさ》る「勝《しょう》」は「**勝利《しょうり》・優勝《ゆうしょう》**」などと、はなばなしく使《つか》われますが、一方《いっぽう》の力《ちから》の少《すく》ない「劣《れつ》」は「**劣悪《れつあく》・下劣《げれつ》・劣等感《れっとうかん》**」…などで、なんだかかわいそうになります。

勝
劣

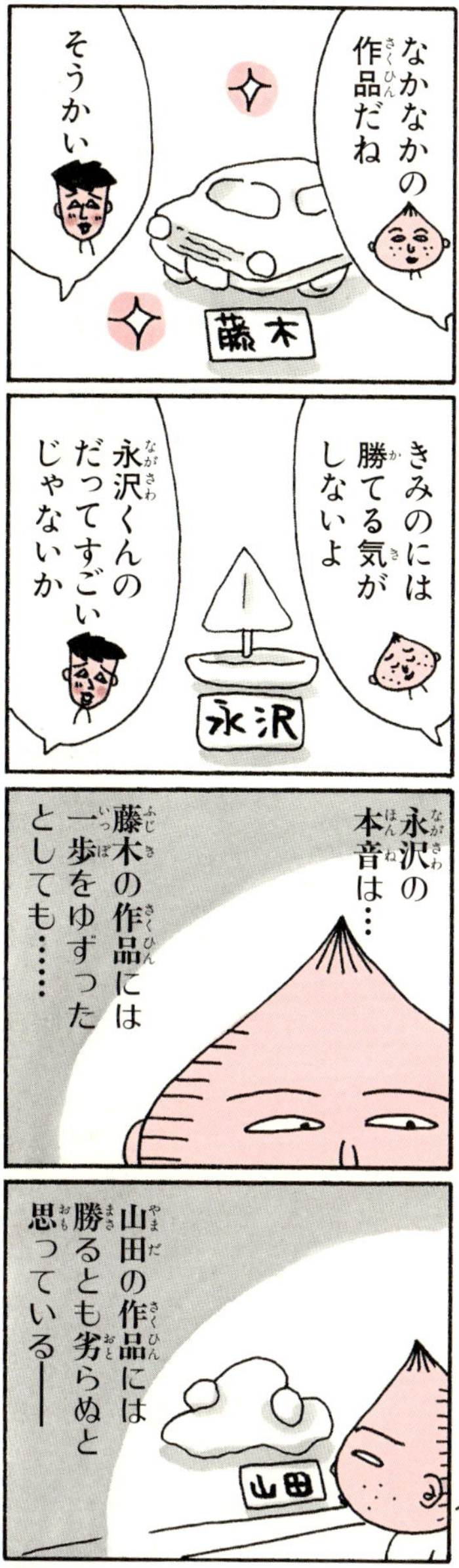

なかなかの作品《さくひん》だね
そうかい
藤木
きみのには勝《か》てる気《き》がしないよ
永沢《ながさわ》くんのだってすごいじゃないか
永沢
永沢《ながさわ》の本音《ほんね》は…
藤木《ふじき》の作品《さくひん》には一歩《いっぽ》をゆずったとしても……
山田《やまだ》の作品《さくひん》には勝《まさ》るとも劣《おと》らぬと思《おも》っている――
山田

ま

股《また》にかける

意味《いみ》

広《ひろ》く、あちらこちらへ動《うご》き回《まわ》って活動《かつどう》する。

解説《かいせつ》

「股《また》にかける」は、両足《りょうあし》を使《つか》って、またいで行《い》くことです。広《ひろ》い地域《ちいき》を行《い》き来《き》するとき、このことばを使《つか》うと、飛行機《ひこうき》にも電車《でんしゃ》にも自動《じどう》車《しゃ》にも乗《の》らず、二本《ほん》の足《あし》を広《ひろ》げて歩《ある》き回《まわ》り、大活躍《だいかつやく》しているような感《かん》じをあたえます。なお、「またぐ・またがる」は、股《また》を広《ひろ》げることからできたことばです。

使《つか》い方《かた》

指揮者《しきしゃ》として有名《ゆうめい》な彼《かれ》は、世界《せかい》を股《また》にかけて活躍《かつやく》している。

二股《ふたまた》(を)かける

ふたつのうち、どちらに行《い》ってもいいようにしかけておくことを「**二股《ふたまた》をかける**」といいます。たとえば、公立《こうりつ》・私立《しりつ》どちらに行《い》ってもいいように、両方《りょうほう》の学校《がっこう》を受験《じゅけん》することを、「**二股《ふたまた》をかけて受験《じゅけん》する**」といいます。

私立
公立

世界《せかい》を股《また》にかけるデザイナーの島田《しまだ》さんです
こんにちはー
わあ
若《わか》いのにすごい女《おんな》の人《ひと》だねえ
かっこいいのう
いいな〜〜〜まる子《こ》も世界《せかい》を股《また》にかける何《なに》かになりたいよ
まる子《こ》ならなれるっ!!
ほんとに!?まる子《こ》は世界《せかい》を股《また》にかける何《なに》になれると思《おも》う?
…えっと…
返答《へんとう》につまるじいさんである――

的《まと》を射《い》る

意味《いみ》 大事《だいじ》な所《ところ》を正確《せいかく》にとらえる。

解説《かいせつ》 弓《ゆみ》に矢《や》をつがえて、ねらう所《ところ》は「的《まと》」です。その的《まと》に矢《や》を命中《めいちゅう》させるのが「的《まと》を射《い》る」です。このことから、ねらった大事《だいじ》な所《ところ》へぴったり当《あ》てることのたとえとして、このことばがよく使《つか》われます。おもに議論《ぎろん》や質問《しつもん》・返答《へんとう》などで、要点《ようてん》をずばりとらえた受《う》け答《こた》えをする場合《ばあい》に使《つか》われます。

使《つか》い方《かた》 長山《ながやま》くんは、いつも的《まと》を射《い》た質《しつ》問《もん》をするので、担任《たんにん》の戸川先生《とがわせんせい》は感心《かんしん》している。

きのうお母《かあ》さんに10点《てん》のテストが見《み》つかっておこられてさ
へ…へぇ10点《てん》…の
あんなにおこることないのにまる子《こ》なりには勉強《べんきょう》したんだよ
そうだよね
ズバリ!!それでもさくらさんの勉強不足《べんきょうぶそく》でしょう!!
ズバリ的《まと》を射《い》た意見《いけん》である――

ま

「的《まと》を得《え》る」？？？

「的《まと》を射《い》る」と、意味《いみ》も使《つか》い方《かた》も似《に》ていることばに「当《とう》を得《え》る」があります。「当《とう》」は道理《どうり》のことで、道理《どうり》にかなっていることを表《あらわ》す慣用句《かんようく》です。

ところが、言《い》い方《かた》が「的《まと》を射《い》る」と似《に》ているので、ごっちゃになって「的《まと》を得《え》る」といっている人《ひと》がいますが、これはまちがいです。

的《まと》は「射《い》る」ものです。もらって持《も》っていってはいけません。

的《まと》を得《え》る
正解《せいかい》は「的《まと》を射《い》る」でしょう

まなじりを決《けっ》する

意味《いみ》 強《つよ》い決心《けっしん》や怒《いか》りを、顔《かお》に出《だ》す。

解説《かいせつ》 「ま」は下《した》の欄《らん》の例《れい》にもあるように「目《め》」のことです。「な」は「の」の意味《いみ》で、「まなじり」は目《め》の尻《しり》、つまり「目尻《めじり》」のことです。「決《けっ》する」は裂《さ》くことで、この慣用句《かんようく》は、大《おお》きく目《め》を見開《みひら》いて、強《つよ》い決《けっ》心《しん》や怒《いか》りを顔《かお》に出《だ》しているようすを表《あらわ》しています。「まなじりを裂《さ》く」ともいいます。

使《つか》い方《かた》 「よし、おれの一発《ぱつ》で勝負《しょうぶ》を決《き》めてやる！」と、彼《かれ》はまなじりを決《けっ》して最終打席《さいしゅうだせき》に立《た》った。

まる子《こ》？どうしたの
どうした まる子《こ》？
カッ
よし
もぐもぐ もぐ
まなじりを決《けっ》して苦手《にがて》な納豆《なっとう》を食《た》べるまる子《こ》であった――

ま（目）

「ま」と使《つか》われている「目《め》」はたくさんあります。目《め》の玉《たま》は、「**まなこ**」です。それをふさぐ目《め》のふたは「**まぶた**」です。その周《まわ》りにある目《め》の毛《け》は「**まつげ**」です。その上《うえ》は「**まゆ**」で生《は》えている毛《け》は、「**まゆげ**」です。

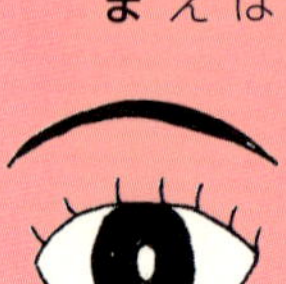

もっと知《し》りたい

慣用句《かんようく》コラム⑦

ペットから生《う》まれた慣用句《かんようく》

犬《いぬ》は喜《よろこ》んでいるときや何《なに》かをほしがっているとき、しっぽを振《ふ》ります。そこで、しっぽのない人間《にんげん》も、目上《めうえ》の人《ひと》や強《つよ》い人《ひと》の気《き》に入《い》られるようにきげんをとるようすを「**しっぽを振《ふ》る**」といいます。

ところで、けんかをして負《ま》けたとき、犬《いぬ》はしっぽを股《また》の間《あいだ》に巻《ま》きこんで逃《に》げ出《だ》します。このようすから、やはりしっぽのない人間《にんげん》でも、降参《こうさん》することを「**しっぽを巻《ま》く**」といいます。

どんな物《もの》でも食《た》べるといわれる犬《いぬ》。この犬《いぬ》でさえ見向《みむ》きもしないという意味《いみ》のことばに「**犬《いぬ》も食《く》わない**」があります。「犬《いぬ》も食《く》わない夫婦《ふうふ》げんか」としてよく使《つか》われます。仲良《なかよ》くしてほしいですね。

ペットといえば、犬《いぬ》と並《なら》ぶのは「猫《ねこ》」。猫《ねこ》のひとみは、周《まわ》りの明《あか》るさによっていろいろ変《か》わるので、変《か》わり方《かた》のはげしいようすを「**猫《ねこ》の目《め》（のよう）**」といいます。物《もの》の値段《ねだん》や立《た》てた方針《ほうしん》などがくるくる変《か》わるようすに使《つか》います。

せまい土地《とち》を表《あらわ》すことばに「**猫《ねこ》の額《ひたい》**」があります。そういえば、額《ひたい》は広《ひろ》くありませんね。99ページのコラム④の「**猫《ねこ》に小判《こばん》**」といい、「猫《ねこ》の額《ひたい》」といい、どうも猫《ねこ》にとって調子《ちょうし》がよくありません。

年末《ねんまつ》など、忙《いそが》しくて家中《いえじゅう》の人《ひと》が働《はたら》いているとき、猫《ねこ》は廊下《ろうか》で日向《ひなた》ぼっこをしながら、のんびりと手《て》で顔《かお》をなでています。そのようすから出《で》たことばが「**猫《ねこ》の手《て》も借《か》りたい**」です。そういわれても、猫《ねこ》は困《こま》りますね。手《て》の出《だ》しようがありません。

正《ただ》しいのはどっち？ まちがいやすい慣用句《かんようく》

正《ただ》しいと思《おも》う□の中《なか》に✓をつけてから、解説《かいせつ》を読《よ》んでね。目指《めざ》そう全問正解《ぜんもんせいかい》！

□灰汁《あく》が強《つよ》い
□悪《あく》が強《つよ》い

灰汁《あく》は植物《しょくぶつ》に含《ふく》まれる苦《にが》みのもとになるもののこと。人《ひと》の性格《せいかく》や行動《こうどう》、文章《ぶんしょう》などがどぎついことを「灰汁《あく》が強《つよ》い」といいます。

□とんぼ帰《がえ》り
□とんぼ返《がえ》り

とんぼは飛《と》びながら急《きゅう》に方向《ほうこう》を変《か》える習性《しゅうせい》があることから、ある場所《ばしょ》へ行《い》き、すぐもどることを、「とんぼ返《がえ》り」といいます。「とんぼ帰《がえ》り」はまちがい。

□脂《あぶら》が乗《の》る
□油《あぶら》が乗《の》る

「脂《あぶら》」は動物《どうぶつ》の体内《たいない》にある脂肪《しぼう》のこと。「油《あぶら》」は火《ひ》をつけると燃《も》える液体《えきたい》。魚《さかな》や鳥《とり》に脂《あぶら》が乗《の》ると味《あじ》がよくなることから、仕事《しごと》などで調《ちょう》子《し》が出《で》てくることを「脂《あぶら》が乗《の》る」といいます。「油《あぶら》」はまちがい。

□利《き》いたふう
□聞《き》いたふう

ほんとうは知《し》らないのに、知《し》ったかぶりして、気《き》が利《き》くふりをすることが「利《き》いたふう」の意味《いみ》です。人《ひと》から聞《き》いたことをひけらかすのではないので「聞《き》いたふう」はまちがい。

□優秀《ゆうしゅう》の美《び》
□有終《ゆうしゅう》の美《び》

物事《ものごと》を最後《さいご》までやりとげて、りっぱな成果《せいか》をあげることが「有《ゆう》終《しゅう》の美《び》」の意味《いみ》です。優秀《ゆうしゅう》なものを作《つく》るだけの意味《いみ》ではないので、「優秀《ゆうしゅう》の美《び》」はまちがい。

□危機《きき》せまる
□鬼気《きき》せまる

恐《おそ》ろしくてぞっとするような迫《はく》力《りょく》を感《かん》じるのが「鬼気《きき》せまる」の意味《いみ》。ピンチにおちいるだけの意《い》味《み》ではないので「危機《きき》せまる」はまちがいです。

★答《こた》えは解説《かいせつ》の中《なか》にあります。

□後《うし》ろ盾《だて》
□後《うし》ろ立《だ》て

後《うし》ろから攻撃《こうげき》されたときに防《ふせ》ぐ盾《たて》のことから「後《うし》ろ盾《だて》」が正解《せいかい》です。陰《かげ》にいて助《たす》けたり、後押《あとお》しをすることをいいます。盾《たて》は「楯《たて》」とも書《か》きます。「後《うし》ろ立《だ》て」はまちがい。

□舌先三寸《したさきさんずん》
□口先三寸《くちさきさんずん》

ペラ
ペラ

心《こころ》がこもっていない口先《くちさき》だけの話《はなし》の意味《いみ》。でも「口先三寸《くちさきさんずん》」とはいいません。三寸《ずん》（約《やく》九センチ）ほどの長《なが》さの舌《した》で、やりこめてしまうことから「舌先三寸《したさきさんずん》」が正解《せいかい》。

□ぬれ手《て》で粟《あわ》
□ぬれ手《て》で泡《あわ》

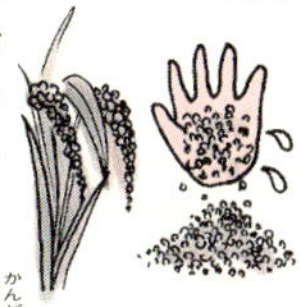

手《て》を洗《あら》って「泡《あわ》」がついたと考《かんが》えた人《ひと》は不正解《ふせいかい》。正解《せいかい》は「ぬれ手《て》で粟《あわ》」。粟《あわ》は稲《いね》の仲間《なかま》で、昔《むかし》の貴《き》重《ちょう》な食糧《しょくりょう》です。ぬれた手《て》だと簡単《かんたん》に粟《あわ》をつかめることから、苦労《くろう》しないで大《おお》もうけすることのたとえに。「ぬれ手《て》で泡《あわ》」では、泡《あわ》は消《き》えてしまい、もうけになりません。

□笑《え》みがこぼれる
□笑顔《えがお》がこぼれる

「こぼれる」とはあふれ出《で》ることです。「笑《え》み」はあふれ出《で》ますが、「笑顔《えがお》」はあふれ出《で》るとはいいません。「笑《え》みがこぼれる」が正解《せいかい》。

□肝《きも》に命《めい》ずる
□肝《きも》に銘《めい》ずる

肝

「肝《きも》」は心《こころ》のこと。「命《めい》ずる」は命令《めいれい》する意味《いみ》で、「銘《めい》ずる」は刻《きざ》みつける意味《いみ》。心《こころ》に命令《めいれい》するのではなく、心《こころ》にしっかり刻《きざ》みつける意《い》味《み》なので「肝《きも》に銘《めい》ずる」が正解《せいかい》。「肝《きも》に銘《めい》じる」ともいいます。

点数比《てんすうくら》べ

まる子《こ》2問《もん》しかわからなかったよ
わたし3問《もん》
ボクは4問《もん》正解《せいかい》きみは？
ボクは1問《もん》…
ズバリ!! わたくし全問《ぜんもん》正解《せいかい》でしょう
オイラ問題《もんだい》の意味《いみ》もわからなかったじょー

目《ま》の当《あ》たりにする

意味《いみ》 目《め》の前《まえ》で見《み》る。

解説《かいせつ》 読《よ》んだり、聞《き》いたりしたのではなく、実際《じっさい》に自分《じぶん》の目《め》で見《み》ることを表《あらわ》しています。「目《ま》の当《あ》たり」は「目《ま》の辺《あた》り」とも書《か》き、目《め》の前《まえ》という意味《いみ》です。目《め》の前《まえ》で起《お》こったことを、はっきりと見《み》るのです。心《こころ》のひびきも強《つよ》く伝《つた》えているような慣用句《かんようく》です。

使《つか》い方《かた》 大相撲《おおずもう》の千秋楽《せんしゅうらく》、横綱《よこづな》同士《どうし》の全《ぜん》勝対決《しょうたいけつ》を目《ま》の当《あ》たりにして、今《いま》までに感《かん》じたことのない興奮《こうふん》に包《つつ》まれてしまった。

ワーワー

目《め》・目《ま》

164ページで「ま」が「目《め》」の意味《いみ》を持《も》っていることを説明《せつめい》しました。ところが「目《ま》の当《あ》たり」は、漢字《かんじ》そのものが「目《ま》」として使《つか》われています。「目深《まぶか》」もそうですが、ほかには、そんなにありません。

まるちゃんのお母《かあ》さんっていつもニコニコしていてやさしそうだよね
えっ
いやいやそれはちがうねうちのお母《かあ》さんが おこると鬼《おに》のようだよ
えーうそだー
次《つぎ》の日《ひ》──
ガラガラ
こんにち…
コラまる子《こ》
ヒッ
……
ガミガミガミ
見《み》てはいけないものを目《ま》の当《あ》たりにしてしまったたまえであった

まんじりともしない

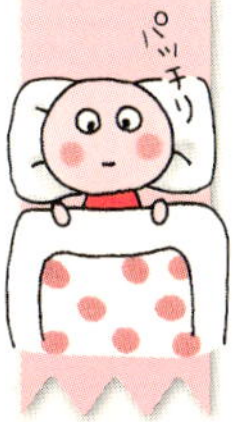
パッチリ

意味《いみ》 少《すこ》しも眠《ねむ》らない。

解説《かいせつ》 気《き》がかりなこと、心配《しんぱい》なことなどがあって、夜《よる》、少《すこ》しも眠《ねむ》れないで過《す》ごすようすを表《あらわ》しています。「まんじり」は、まばたきの意味《いみ》の「まじり」からできたといわれています。そして「まじり」から、ひびきのよい「まんじり」に変《か》わったのです。「まんじりともせず」という言《い》い方《かた》もあります。

使《つか》い方《かた》 台風《たいふう》が来《く》るというので、ゆうべは一晩中《ひとばんじゅう》、まんじりともしないで過《す》ごした。

…も

まばたきひとつしないようすを「**まんじりともしない**」と表《あらわ》すと意味《いみ》がぐっと強《つよ》まります。その秘密《ひみつ》は「**も**」にあります。「ほしいとも思《おも》わない」「にこりともしない」などの「も」で、あるとないとで強《つよ》さが変《か》わります。

も

まんじりともしないで
勉強《べんきょう》にはげむ
丸尾《まるお》くん
さすがに眠《ねむ》たくなったでしょう
ファ〜
この問題《もんだい》だけが解《と》けないけど
あしたも学校《がっこう》だし寝《ね》るしかないでしょう
う〜〜〜ん
あの問題《もんだい》の解《と》き方《かた》が気《き》になって眠《ねむ》れないでしょう
解《と》き方《かた》が気《き》になりまんじりともしないで
夜《よる》を過《す》ごす
丸尾《まるお》くんであった——

満《まん》を持《じ》す

準備
準備
準備
よし

意味《いみ》 準備《じゅんび》を十分《じゅうぶん》に整《ととの》えた上《うえ》で、よい機会《きかい》を待《ま》つ。

解説《かいせつ》 中国《ちゅうごく》から来《き》たことばです。的《まと》に向《む》かって、弓《ゆみ》を引《ひ》きしぼっている状態《じょうたい》です。用意《ようい》がすべてできて、よい機会《きかい》をうかがっているようすを表《あらわ》しています。「満《まん》」は弓《ゆみ》をいっぱいに引《ひ》きしぼっている形《かたち》、「持《じ》す」は持《も》ちこたえるの意味《いみ》です。「満《まん》を持《じ》する」ともいいます。

使《つか》い方《かた》 やることは全部《ぜんぶ》やったので、自信《じしん》がある。あしたは、満《まん》を持《じ》して試験会場《しけんかいじょう》に向《む》かおう。

持《じ》する

「**持《じ》す**」を「**持《じ》する**」の形《かたち》で使《つか》うことばに「**現状《げんじょう》を持《じ》する**」があります。現状《げんじょう》のままということで、四字熟語《よじじゅくご》で表《あらわ》すと「**現状維持《げんじょういじ》**」です。仏教《ぶっきょう》で戒《いまし》めを守《まも》ることを「**戒《かい》を持《じ》する**」といい、熟語《じゅくご》で表《あらわ》すと「**持戒《じかい》**」です。

うーん 難《むずか》しい

まる子《こ》 いよいよ あすじゃ
うん
今回《こんかい》は ずいぶん がんばった からのう
うん
満《まん》を 持《じ》して テストに のぞむん じゃ
うん!!
めざせ30点!!
がんばれ!!
がんばる!!
バカね……
満《まん》を持《じ》して のぞむほどの点《てん》ではない

見栄《みえ》を張《は》る

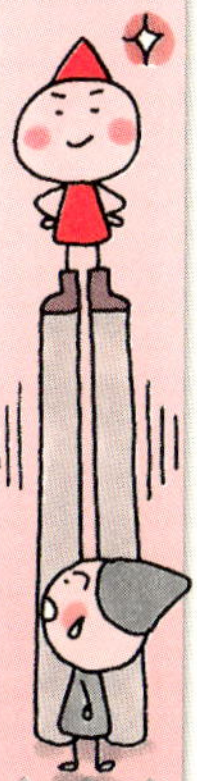

意味《いみ》
自分《じぶん》を実際《じっさい》より、よく見《み》せようとする。

解説《かいせつ》
「見《み》え」は見《み》えることで、見《み》かけがよい意味《いみ》の「見栄《みば》え」に合《あ》わせて「見栄《みえ》」としました。「張《は》る」は外見《がいけん》をかざることです。実際《じっさい》よりよく見《み》せようとする動作《どうさ》で、見栄《みえ》を張《は》る人《ひと》は「見栄《みえ》っ張《ば》り」です。「見栄《みえ》を作《つく》る」ともいいます。

使《つか》い方《かた》
見栄《みえ》を張《は》って、友《とも》だちに高級料理《こうきゅうりょうり》をごちそうしたら、料金《りょうきん》を見《み》てびっくり。あとで、見栄《みえ》を張《は》りすぎたと反省《はんせい》しても、もうおそい。

夏休《なつやす》みに家族《かぞく》でフランスに行《い》く計画《けいかく》があるの
ボクは数《すう》か国《こく》行《い》く予定《よてい》だよ
う…うちだって海外《かいがい》に行《い》く予定《よてい》あ…あるのよ
へえ
みぎわさんはどこの国《くに》に行《い》くんだい？
えっと……
見栄《みえ》を張《は》って後悔《こうかい》するみぎわさんであった

見得《みえ》

「見栄《みえ》」と似《に》ていることばに、「見得《みえ》」があります。大《おお》げさなことをいったり、したりして、自分《じぶん》をりっぱに見《み》せようとすることです。

もともとは、歌舞伎《かぶき》の役者《やくしゃ》が大事《だいじ》な場面《ばめん》で、より目立《めだ》つような演技《えんぎ》をすることで、「**見得《みえ》を切《き》る**」といいます。この動作《どうさ》がさらに大《おお》きくなると、「**大見得《おおみえ》を切《き》る**」になります。

ふつうの人《ひと》は、あまり見得《みえ》や大見得《おおみえ》を切《き》らないほうがいいでしょう。また、見栄《みえ》を張《は》るのもひかえめに。

カカカカカカカ
大見得《おおみえ》を切《き》る

神《み》輿《こし》を担《かつ》ぐ

意味《いみ》　人《ひと》をおだてて、何《なに》かの役《やく》につかせる。

解説《かいせつ》　「輿《こし》」は人《ひと》を乗《の》せて、手《て》に持《も》ったり担《かつ》いだりして運《はこ》ぶ台《だい》です。神《かみ》さまのことを「神《み》」といい、神《かみ》の輿《こし》だから「神《み》輿《こし》」です。そこから、人《ひと》をちやほやとおだてあげることを、神《み》輿《こし》に乗《の》せてみんなで担《かつ》ぐようすにたとえて、「神《み》輿《こし》を担《かつ》ぐ」といいます。

ワッショイ
ワッショイ

使《つか》い方《かた》　みんなに神《み》輿《こし》を担《かつ》がれて、チームのキャプテンになったものの、どうも自《じ》信《しん》がない。弱《よわ》ったなあ。

永沢《ながさわ》
最高《さいこう》!!
よっ!!
日本一《にほんいち》
さすがだ
ブーーー
そんな…
ボクなんかで
班長《はんちょう》が
つとまるかな…
班長《はんちょう》に
決《き》まった
方《かた》は放課後《ほうかご》
残《のこ》っていただき
ましょう!!
よし
神《み》輿《こし》を担《かつ》いで
永沢《ながさわ》くんを班長《はんちょう》にする
3人《にん》であった――

神《み》（み）

「**神《み》輿《こし》**」は神《かみ》さまの霊《れい》を乗《の》せるものなので、敬《うやま》って「**御《お》**」をつけ、「**御《お》神《み》輿《こし》**」とも呼《よ》びます。神社《じんじゃ》で吉凶《きっきょう》を占《うらな》って引《ひ》くくじは「**御《お》神《み》くじ**」で、神《かみ》さまにささげるお酒《さけ》は「**御《お》神《み》酒《き》**」です。

神《かみ》に関《かん》して、ぜひおぼえておきたいことばに「**わたつみ**」があります。「わた」は「海《うみ》」のことで、「つ」は「の」の意《い》味《み》です。

そこで、海《うみ》の神《かみ》を「**海神《わたつみ》**」と呼《よ》びます。そして、山《やま》の神《かみ》は「**山神《やまつみ》**」です。

水《みず》と油《あぶら》

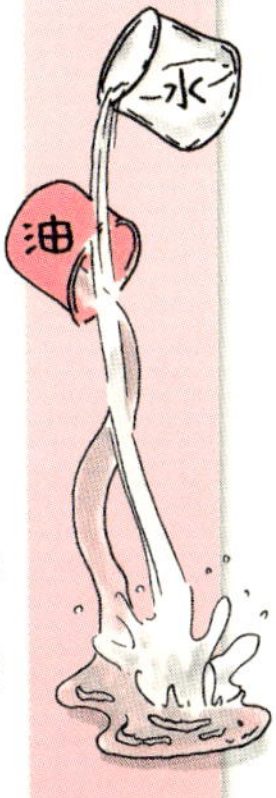
水
油

意味《いみ》 性質《せいしつ》が合《あ》わないので、いっしょになれない。

解説《かいせつ》 水《みず》に油《あぶら》を差《さ》しても、また油《あぶら》に水《みず》を差《さ》しても、決《けっ》して混《ま》じり合《あ》うことはありません。そのことから、両者《りょうしゃ》の気《き》が合《あ》わない、しっくりいかないようすを「水《みず》と油《あぶら》」といいます。もともと、溶《と》け合《あ》うのがむりなのです。「水《みず》に油《あぶら》」「油《あぶら》に水《みず》」ともいいます。

使い方《つかいかた》 鈴木《すずき》くんは、中山《なかやま》くんとの仲《なか》を水《みず》と油《あぶら》だというけど、なぜか仲《なか》がいい。ぼくには水《みず》と魚《うお》に思《おも》える。

「水《みず》と魚《うお》」

水《みず》と油《あぶら》は、どうも仲良《なかよ》くありませんが、では水《みず》と仲良《なかよ》くなれるのは、だれでしょう？ それは魚《さかな》です。たしかに、魚《さかな》は水《みず》の中《なか》をすいすい泳《およ》いでいます。そこで、両者《りょうしゃ》が切《き》っても切《き》れない関係《かんけい》にあることを「**水《みず》と魚《うお》**」といいます。

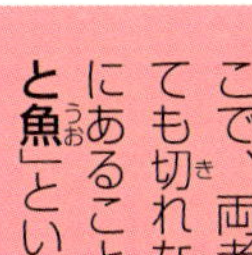

あっ野口《のぐち》だーこんなところで何《なに》やってるんだじょー
…散歩《さんぽ》
ボリ…
オイラは何《なに》やってるかわかるか――？
…………
正解《せいかい》は歩《ある》いてるだけだじょ――
アハハハハ
………
あっちょうちょだじょ――まて〜〜っ
アハハ
アハハ…
水《みず》と油《あぶら》のふたりの会話《かいわ》が成立《せいりつ》することはないのである――

水《みず》も漏《も》らさぬ

意味《いみ》 厳重《げんじゅう》に警戒《けいかい》しているようす。

解説《かいせつ》 一滴《てき》の水《みず》も漏《も》らさないほど、少《すこ》しの隙間《すきま》もなく間《あいだ》をつめている状《じょう》態《たい》です。守《まも》る場合《ばあい》、また、取《と》り囲《かこ》む場合《ばあい》、少《すこ》しの手《て》ぬかりもなく、厳重《げんじゅう》に警戒《けいかい》しているようすを、このことばは表《あらわ》しています。「水《みず》も漏《も》らさぬ鉄壁《てっぺき》の守備陣《しゅびじん》」などと、スポーツの世界《せかい》でも、このことばはよく使《つか》われます。

使《つか》い方《かた》 サミットが開催《かいさい》される会場付近《かいじょうふきん》は、警察官《けいさつかん》が水《みず》も漏《も》らさぬ警戒体制《けいかいたいせい》をしいている。

「水《みず》が入《はい》る」

「**水《みず》も漏《も》らさぬ**」は、緊張《きんちょう》したようすですが、緊張《きんちょう》の連続《れんぞく》で水《みず》が入《はい》ることがあります。相撲《すもう》で熱戦《ねっせん》が長《なが》く続《つづ》いた場合《ばあい》、両力士《りょうりきし》を休《やす》ませます。このとき水《みず》を飲《の》ませるので「**水《みず》が入《はい》る**」といい「**水《みず》入《い》りの大相撲《おおずもう》**」と使《つか》います。

フゥ

ワー
ワー
人気《にんき》スターの初来日《はつらいにち》に水《みず》も漏《も》らさぬ警備《けいび》がしかれています
さすがにビッグスターはちがうね
そうじゃな
いいなぁまる子《こ》もこんな厳重《げんじゅう》な護衛《ごえい》のもとで生活《せいかつ》してみたいよ
よし まる子《こ》 水《みず》も漏《も》らさぬ護衛《ごえい》ならこの わしにまかせておけ
年《とし》よりの冷《ひ》や水《みず》である

水《みず》を開《あ》ける

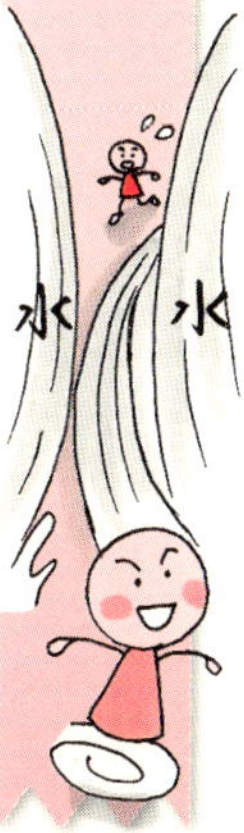

水
水

意味《いみ》 相手《あいて》に大《おお》きく差《さ》をつける。

解説《かいせつ》 競泳《きょうえい》やボートレースで、両者《りょうしゃ》が並《なら》んで泳《およ》いだりこいだりしているのではなく、間《あいだ》に水《みず》が見《み》えてしまうほど差《さ》が開《ひら》いてしまう状態《じょうたい》です。先《さき》に行《い》く者《もの》が、あとの者《もの》を大《おお》きく引《ひ》きはなす意味《いみ》に使《つか》われる慣用句《かんようく》です。「水《みず》が開《あ》く」ともいいます。「開《あ》く」と「開《あ》ける」のちがいについては、下《した》の欄《らん》で説明《せつめい》します。

使《つか》い方《かた》 首位《しゅい》のわがチームと二位《い》とは、七ゲーム差《さ》。このまま大《おお》きく水《みず》を開《あ》けて、優勝《ゆうしょう》するぞ。

「開《あ》く」と「開《あ》ける」

「**水《みず》が開《あ》く**」は、観客《かんきゃく》の目《め》に入《はい》る光景《こうけい》で、「**水《みず》を開《あ》ける**」というと、選手《せんしゅ》が自分《ぶん》の力《ちから》で相手《あいて》に対《たい》し、大《おお》きな差《さ》をつける意味《いみ》になります。意味《いみ》の伝《つた》わり方《かた》がちがいます。

ふーん

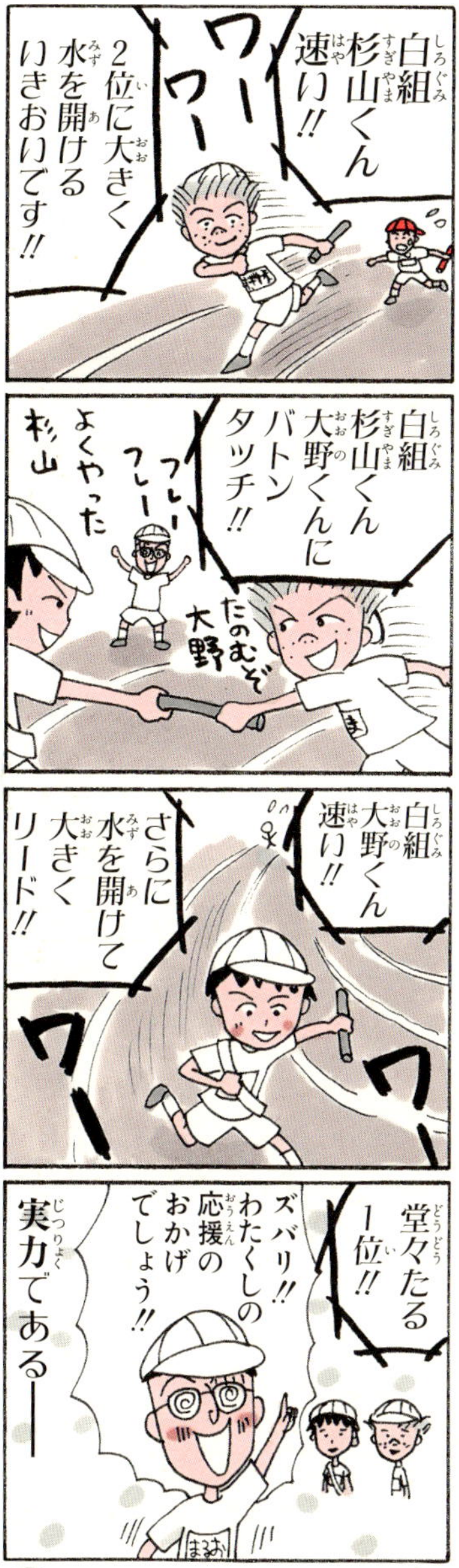

白組《しろぐみ》杉山《すぎやま》くん速《はや》い!!
ワーワー
2位《い》に大《おお》きく水《みず》を開《あ》けるいきおいです!!
白組《しろぐみ》杉山《すぎやま》くん大野《おおの》くんにバトンタッチ!!
フレーフレー
たのむぞ大野
よくやった杉山
白組《しろぐみ》大野《おおの》くん速《はや》い!!
さらに水《みず》を開《あ》けて大《おお》きくリード!!
ワー
ワー
堂々《どうどう》たる1位《い》!!
ズバリ!!わたくしの応援《おうえん》のおかげでしょう!!
実力《じつりょく》である――

水《みず》を差《さ》す

意味《いみ》 物事《ものごと》がうまくいっているのに、脇《わき》からいらぬじゃまをする。

解説《かいせつ》 水《みず》を入《い》れて熱《あつ》いお湯《ゆ》をぬるくしたり、濃《こ》い飲《の》み物《もの》を薄《うす》くしたりすることです。順調《じゅんちょう》に進《すす》んでいたのに、脇《わき》からよけいなことをして、だめにしてしまうたとえで、「差《さ》す」は加《くわ》える意味《いみ》です。

使《つか》い方《かた》 おれとあいつの友情《ゆうじょう》に、水《みず》を差《さ》すようなことは、頼《たの》むからいわないでくれ。

小杉《こすぎ》くん きみと ボクは 一生《いっしょう》 友《とも》だちだね
おう
藤木《ふじき》くん きみ… この間《あいだ》 小杉《こすぎ》くんとは 絶交《ぜっこう》だって いってた よな…
水《みず》を差《さ》す 永沢《ながさわ》くんであった――

身《み》の毛《け》がよだつ

ぞわ

意味《いみ》 あまりの寒《さむ》さや恐《おそ》ろしさに、ぞっとする。

解説《かいせつ》 「身《み》の毛《け》」は、体中《からだじゅう》の毛《け》です。「よ」は、「はげしく」の意味《いみ》の「いや」が「いや→よ」となり、「立《た》つ」がついて、すべての毛《け》がはげしく逆立《さかだ》つ、すさまじい状態《じょうたい》を表《あらわ》しています。「身《み》の毛《け》もよだつ」ともいいます。

使《つか》い方《かた》 遊園地《ゆうえんち》のお化《ば》け屋敷《やしき》に入《はい》ったが、身《み》の毛《け》がよだつこわさに、途中《とちゅう》で帰《かえ》ってきてしまった。

身《み》の毛《け》もよだつ きもだめし
ヒッ
ギャ〜
キャー――
花輪《はなわ》クン こわ〜い
ぞわわ
身《み》の毛《け》がよだつ 花輪《はなわ》クンであった――

耳《みみ》を疑《うたが》う

え

意味《いみ》 思《おも》ってもいないことを聞《き》いて、信《しん》じることができない。

解説《かいせつ》 ふつう「疑《うたが》う」は、ほんとうかどうか、よその人《ひと》に対《たい》して使《つか》うことばです。しかし、ここの「疑《うたが》う」は、自分《じぶん》の耳《みみ》に対《たい》してです。信《しん》じられない気持《きも》ちを、耳《みみ》がおかしくなったからではないかと、自分《じぶん》の耳《みみ》のせいにしているのです。

使い方《つかいかた》 まる子《こ》がテストで満点《まんてん》を取《と》ったと聞《き》いて、一瞬耳《いっしゅんみみ》を疑《うたが》った。けれど、ほんとうだった。夕食《ゆうしょく》は好物《こうぶつ》のハンバーグにしようかしら。

目《め》を疑《うたが》う

自分《じぶん》の「目《め》」に対《たい》しても、疑《うたが》うことがあります。「**目《め》を疑《うたが》う**」です。自分《じぶん》の目《め》の前《まえ》で起《お》こったことが、とてもほんとうとは思《おも》えなくて、見《み》まちがえたのではないかと、自分《じぶん》の目《め》を疑《うたが》っているのです。

信《しん》じられないブー

えー〜〜
うそだろ
ほんとかよ
どうしたんだよ?
信《しん》じられないブー
いや…そろそろひきょうなキャラをやめようかと思《おも》って…
え—
ひきょうをやめるという藤木《ふじき》のことばに耳《みみ》を疑《うたが》うみんなであった

耳《みみ》をそばだてる

意味《いみ》 音《おと》や声《こえ》などを、注意《ちゅうい》を集中《しゅうちゅう》してよく聞《き》こうとする。

解説《かいせつ》 「そばだてる」は漢字《かんじ》で「欹《そばだ》てる」と書《か》き、「そびえるように立《た》てる」また「斜《なな》めに向《む》ける」の意味《いみ》を表《あらわ》しています。耳《みみ》をぴんと立《た》て、音《おと》や声《こえ》などの聞《き》こえるほうへ、傾《かたむ》ける動作《どうさ》です。注意《ちゅうい》を集中《しゅうちゅう》して、よく聞《き》こうとしているのです。

使《つか》い方《かた》 夜《よる》、家《いえ》の外《そと》から話《はな》し声《ごえ》が聞《き》こえる。しばらく、耳《みみ》をそばだててみた。聞《き》きおぼえのあるその声《こえ》の主《ぬし》は、おじいちゃんだった。

注意《ちゅうい》して聞《き》く

「**耳《みみ》をそばだてる**」とそっくりな慣用句《かんようく》には、74ページの「**聞《き》き耳《みみ》を立《た》てる**」があります。そのほか「**耳《みみ》をすます**」「**耳《みみ》を傾《かたむ》ける**」というのもあります。どれも、いっしょうけんめいに注《ちゅう》意《い》して聞《き》いている動作《どうさ》です。

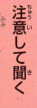

見《み》るに忍《しの》びない

意《い》味《み》
あまりにも気《き》の毒《どく》で、見《み》ていられない。

解《かい》説《せつ》
「忍《しの》ぶ」は、じっとがまんをすることで、「忍《しの》びない」は、がまんができない状態《じょうたい》です。そこで「見《み》るに忍《しの》びない」は、かわいそうで見《み》ているのがつらいほどであるという意味《いみ》になります。「見《み》るに堪《た》えない」ともいいます。

使《つか》い方《かた》
決勝戦《けっしょうせん》は、逆転《ぎゃくてん》サヨナラで負《ま》けてしまった。マウンドにうずくまる、見《み》るに忍《しの》びないエースの姿《すがた》に、かけることばが見《み》つからなかった。

かねる

「**見《み》るに忍《しの》びない**」と似《に》ていることばに「**見《み》るに見《み》かねる**」があります。そのままだまって見《み》過《す》ごすわけにはいかないという意味《いみ》です。「**かねる**」は「できない」の意味《いみ》で、「**食《た》べかねる**」「**賛成《さんせい》しかねる**」などと使《つか》われます。

こげ
こげ
食《た》べかねる

永沢《ながさわ》くんちが火事《かじ》になったんだって…
ヒソ ヒソ
ヒソ ヒソ
かわいそう…
見《み》るに忍《しの》びないよね
うん…
なんて声《こえ》をかけていいかわからないよ
そうだね
永沢《ながさわ》くんの家《いえ》火事《かじ》になったんだって!?
直球《ちょっきゅう》である――

身《み》を立《た》てる

意味《いみ》

きちんとした仕事《しごと》を持《も》ち、収入《しゅうにゅう》を得《え》て生活《せいかつ》していく。

解説《かいせつ》

いつまでも、親《おや》やそのほかの人《ひと》の世話《せわ》を受《う》けていないで、自分《じぶん》の力《ちから》で生活《せいかつ》していくことをいいます。ここの「身《み》」は、社会《しゃかい》の中《なか》での自《じ》分自身《ぶんじしん》です。「立《た》てる」は、一本《いっぽん》立《だ》ち・独《ひと》り立《だ》ちできるようにすることで、熟語《じゅくご》の「自立《じりつ》・独立《どくりつ》」と近《ちか》い意味《いみ》を持《も》っています。

使《つか》い方《かた》

いっしょうけんめい勉強《べんきょう》にはげんで、将来《しょうらい》は身《み》を立《た》てて、お父《とう》さん、お母《かあ》さんに恩返《おんがえ》しをしたい。

まる子《こ》だらしねえな
ポリポリ
まる子《こ》だっていろいろつかれるんだよ
子《こ》どものときなまけぐせがつくと
大人《おとな》になっても身《み》を立《た》てることができないぞ
身《み》を立《た》てる?
ひとり立《だ》ちしてちゃんと生活《せいかつ》していくことだよ
ふーん
まる子《こ》は一生《いっしょう》ここで暮《く》らすから身《み》を立《た》てなくてもいいや
先行《さきゆ》きが不安《ふあん》になるヒロシだった

立身《りっしん》

「**身《み》を立《た》てる**」には、もうひとつ意味《いみ》があります。それは、りっぱな仕事《しごと》をし、りっぱな人間《にんげん》として、世間《せけん》から認《みと》められることです。四字熟語《よじじゅくご》の「**立身出世《りっしんしゅっせ》**」に当《あ》たります。どちらの「**身《み》を立《た》てる**」も人間《にんげん》としてりっぱなことです。

わたくしの理想《りそう》でしょう

実《み》を結《むす》ぶ

実

テスト 100

意《い》味《み》 努力《どりょく》したことが実《みの》って、よい結《けつ》果《か》を生《う》む。

解《かい》説《せつ》 植物《しょくぶつ》が生長《せいちょう》し、実《み》がなることです。今《いま》まで、いろいろ力《ちから》を尽《つ》くしてきたことが、よい結果《けっか》となって表《あらわ》れるようすをたとえています。ひじょうにおめでたいことです。しかし、反対《はんたい》に実《み》を結《むす》ばない場合《ばあい》は「水《みず》の泡《あわ》となる」といいます。こちらは、がっかりです。

使《つか》い方《かた》 毎日《まいにち》の努力《どりょく》が実《み》を結《むす》んで、志望《しぼう》校《こう》にみごと合格《ごうかく》。という夢《ゆめ》を見《み》たんだけど、正夢《まさゆめ》にならないかな？

結《けっ》果《か》

実《み》を結《むす》ぶのは「**結実**《けつじつ》」です。実《み》の代《か》わりに「果《か》」を使《つか》い「**成**《せい》**果**《か》」ともいいます。ことばの上《うえ》では「**結果**《けっか》」も同《おな》じですが、残念《ざんねん》ながら「結果《けっか》」は必《かなら》ずしもよいことだけではありません。悪《わる》いこともあるのが「**結**《けっ》**果**《か》」です。

テスト 5

いっしょうけんめいに勉強《べんきょう》したから実《み》を結《むす》んだのよ
うん
お姉《ねえ》ちゃんどうしたの？
お姉《ねえ》ちゃんテストで百点《てん》取《と》ったのよ
今回《こんかい》がんばって勉強《べんきょう》したんだ
へぇ
まる子《こ》もテスト返《かえ》ってきたでしょ
まる子《こ》も今回《こんかい》 少《すこ》し勉強《べんきょう》してたよね
う…うん
30
………
まる子《こ》なりにはがんばったんだけどね
実《み》を結《むす》ぶ…とまではいかない点数《てんすう》である

み

無用《むよう》の長物《ちょうぶつ》

意味《いみ》 あっても役《やく》に立《た》たないで、かえってじゃまになるもの。

解説《かいせつ》 「長物《ちょうぶつ》」は長《なが》い物《もの》で、場所《ばしょ》をとります。しかも役《やく》に立《た》たないとなると、じゃまになるばかりです。これが「無用《むよう》の長物《ちょうぶつ》」です。「用《よう》」は役《やく》に立《た》つことで、「無用《むよう》」は役立《やくた》たずです。

使い方《つかいかた》 大《おお》きな本《ほん》だなを買《か》ったけれど、本《ほん》をさっぱり読《よ》まないので、無用《むよう》の長物《ちょうぶつ》になってしまった。

ずっと庭《にわ》に置《お》きっぱなしのこのかめは無用《むよう》の長物《ちょうぶつ》じゃやな
そんなことないよ
かめの水《みず》の中《なか》で生《い》きているプランクトンをこの前《まえ》見《み》たんだよ
……
ボウフラがわいたのである——

明暗《めいあん》を分《わ》ける

意味《いみ》 よい結果《けっか》と悪《わる》い結果《けっか》に分《わ》かれる。

解説《かいせつ》 「明暗《めいあん》」は、明《あか》るい面《めん》と暗《くら》い面《めん》です。たとえば「幸運《こううん》と不運《ふうん》」「幸福《こうふく》と不幸《ふこう》」「勝利《しょうり》と敗北《はいぼく》」「成功《せいこう》と失敗《しっぱい》」などです。何《なに》かの理由《りゆう》によって、結果《けっか》がどちらかにはっきり分《わ》かれてしまう場合《ばあい》、このことばが使《つか》われます。

使い方《つかいかた》 今日《きょう》の試合《しあい》は、満塁《まんるい》の場面《ばめん》でのエラーが明暗《めいあん》を分《わ》けた。もっと練習《れんしゅう》して、強《つよ》くなろう。

ドッジボールの明暗《めいあん》を分《わ》けるのは最後《さいご》に残《のこ》った山根《やまね》
勝《か》っても負《ま》けてもなんかいわれそうだ
ドキドキ
大野チーム
杉山チーム
そして…
あいたた急《きゅう》に胃腸《いちょう》が…
大丈夫かー
山根くんがきけんしたため引き分けです
明暗《めいあん》を分《わ》けずにすんだ山根《やまね》であった——

慣用句《かんようく》コラム8

虫《むし》がらみの慣用句《かんようく》

飛《と》んでいる虫《むし》の中《なか》で、特《とく》に体《からだ》が小《ちい》さいのは「蚊《か》」ですね。そこで、蚊《か》は小《ちい》さいものを表《あらわ》すことばによく使《つか》われます。ほんの少《すこ》しは「**蚊《か》の涙《なみだ》**」。おこづかいは蚊《か》の涙《なみだ》ぐらい——がっかりです。

聞《き》こえないような小《ちい》さな声《こえ》は、「**蚊《か》の鳴《な》くような声《こえ》**」。話《はな》すとき、返事《へんじ》をするとき、はっきりと声《こえ》を出《だ》すようにしましょう。

くもの網《あみ》に、あぶと蜂《はち》がかかりました。くもは両方《りょうほう》をいっぺんに捕《と》らえようとしているうちに、両《りょう》方《ほう》に逃《に》げられてしまいました。これが「**あぶ蜂《はち》取《と》らず**」です。あれもこれもと欲《よく》ばって追《お》いかけると、どちらも手《て》に入《い》れることができないという意味《いみ》です。47ページのコラム❶で紹介《しょうかい》した「一石二鳥《いっせきにちょう》・一《いっ》挙両得《きょりょうとく》」と反対《はんたい》です。世《よ》の中《なか》、なかなか思《おも》うようにいかないものです。

さて、くもの子《こ》は卵《たまご》からかえると、一度《いちど》にたくさん、四方八方《しほうはっぽう》に逃《に》げるように散《ち》らばっていきます。このようすから、「**くもの子《こ》を散《ち》らす**」ということばが生《う》まれました。雷《かみなり》が鳴《な》って、大勢《おおぜい》の子《こ》が家《いえ》に逃《に》げ帰《かえ》るようすなどに使《つか》われます。

大《おお》さわぎになるのは、「**蜂《はち》の巣《す》をつついたよう**」です。たくさんの蜂《はち》がいっせいに飛《と》び出《だ》してきて、大混乱《だいこんらん》です。

なお、羽《はね》のある虫《むし》が好《この》むのは光《ひかり》。そして、その光《ひかり》にさそわれて命《いのち》を落《お》とすのが「**飛《と》んで火《ひ》に入《い》る夏《なつ》の虫《むし》**」です。自《みずか》ら災難《さいなん》に身《み》を投《な》げるのです。みなさんは、好《す》き好《この》んで危険《きけん》な所《ところ》へ近《ちか》づくのはやめましょう。虫《むし》たちからの警告《けいこく》です。

続《ぞく》 慣用句新聞《かんようくしんぶん》

3学期《がっき》

友蔵《ともぞう》の〝目頭《めがしら》が熱《あつ》くなる〟そのわけとは…!?

福《ふく》は内《うち》だよ 節分《せつぶん》は!!

今日《きょう》は節分《せつぶん》、あちらこちらで「福《ふく》は内《うち》、鬼《おに》は外《そと》」の声《こえ》がする。さくら家《け》の鬼《おに》は、**泣《な》く子《こ》もだまる**とはほど遠《とお》い存在《そんざい》のおじいちゃんだ。

「鬼《おに》は外《そと》ーっ」の声《こえ》を浴《あ》び、**ほうほうの体《てい》**で友蔵《ともぞう》は外《そと》に逃《に》げ出《だ》した。そのあとをまる子《こ》が追《お》う。まるで鬼《おに》ごっこだ。

「降参《こうさん》じゃ、まる子《こ》。この年《とし》で鬼《おに》は、**年《とし》よりの冷《ひ》や水《みず》**じゃった。なんでもいうことを聞《き》くから助《たす》けておくれ」

友蔵《ともぞう》のことばに、**鬼《おに》の首《くび》を取《と》ったように**喜《よろこ》んで、まる子《こ》がいった。

「次《つぎ》は〝福《ふく》は内《うち》〟をやるから、おじいちゃん今度《こんど》は〝福《ふく》の神《かみ》〟になるんだよ」

目《め》に入《い》れても痛《いた》くないほどかわいい孫《まご》のことばに、**目頭《めがしら》が熱《あつ》くなる**友蔵《ともぞう》だった。

3年《ねん》4組通信《くみつうしん》

子《こ》どもは風《かぜ》の子《こ》なのだ!

寒風《かんぷう》が吹《ふ》きすさぶ朝《あさ》も、**子《こ》どもは風《かぜ》の子《こ》**、校庭《こうてい》で元気《げんき》にドッジボールで遊《あそ》んでいる。杉山《すぎやま》くんのボールは速《はや》い。だから、ボールが飛《と》んでくると、**くもの子《こ》を散《ち》らすように**子《こ》どもたちが逃《に》げる。

「杉山《すぎやま》くんには**歯《は》が立《た》たないし**、**手《て》も足《あし》も出《で》ない**から、よけるだけにするよ」

「**一《いち》か八《ばち》か**、オレに飛《と》んできたら受《う》け止《と》めて、**一矢《いっし》を報《むく》いて**やる。**矢《や》でも鉄砲《てっぽう》でも持《も》ってこい**ってんだ」

「**寄《よ》らば大樹《たいじゅ》の陰《かげ》**というし、ボクは小杉《こすぎ》くんの後《うし》ろにいることにするよ」

「それはひきょう者《もの》のすること。ズバリ、**後《うし》ろ指《ゆび》を**

◆太字《ふとじ》は、慣用句《かんようく》の表現《ひょうげん》です。慣用句《かんようく》の使《つか》い方《かた》をおぼえましょう。

節分《せつぶん》

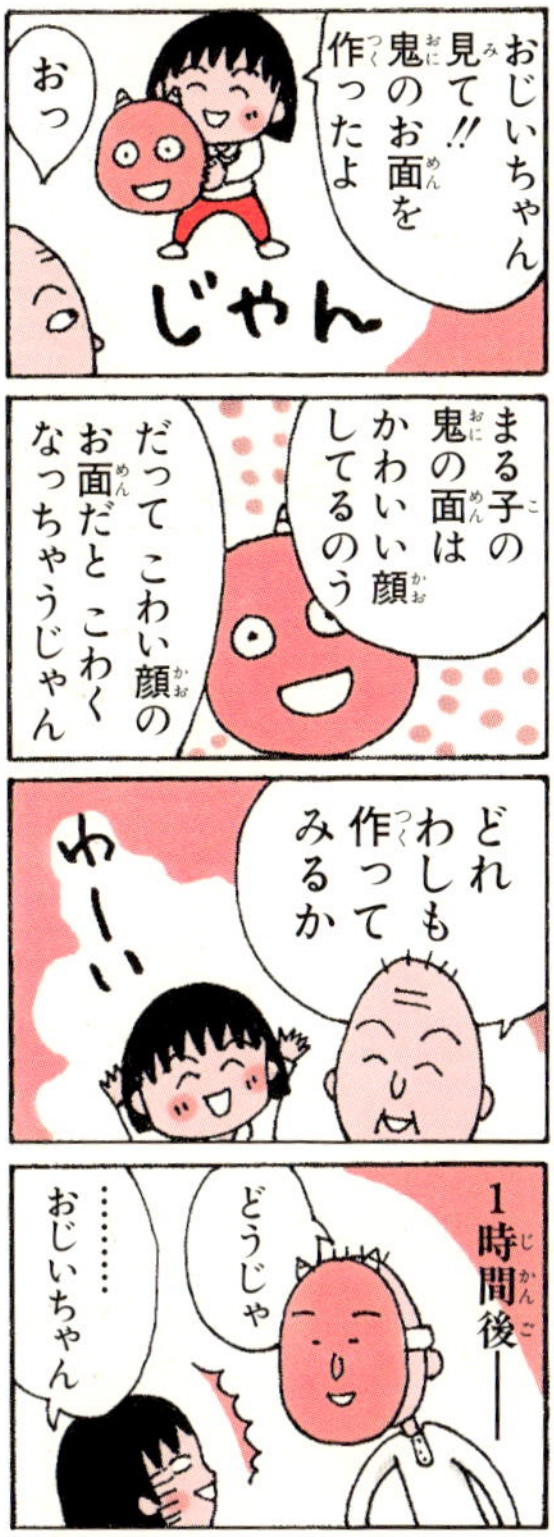
おじいちゃん 見《み》て!! 鬼《おに》のお面《めん》を作《つく》ったよ
おっ
じゃん
まる子《こ》の鬼《おに》の面《めん》はかわいい顔《かお》してるのう
だって こわい顔《かお》のお面《めん》だと こわくなっちゃうじゃん
どれ わしも作《つく》ってみるか
わーい
1時間後《じかんご》——
どうじゃ
……おじいちゃん

慣用句《かんようく》クイズ

Q. 正《ただ》しい慣用句《かんようく》の使《つか》い方《かた》は、どちらでしょう?

1
□愛敬《あいきょう》を振《ふ》りまく
□愛想《あいそ》を振《ふ》りまく

2
□怒《いか》り心頭《しんとう》に達《たっ》する
□怒《いか》り心頭《しんとう》に発《はっ》する

3
□髪《かみ》を丸《まる》める
□髪《かみ》を下《お》ろす

4
□口火《くちび》を開《ひら》く
□口火《くちび》を切《き》る

5
□棚《たな》に上《あ》げる
□棚《たな》にのせる

6
□底《そこ》が知《し》れる
□底《そこ》が割《わ》れる

7
□網《あみ》の目《め》をくぐる
□網《あみ》の目《め》にかかる

8
□出《で》る釘《くぎ》は打《う》たれる
□出《で》る杭《くい》は打《う》たれる

★クイズの答《こた》えはこのページの下《した》にあります。

さされるでしょう」

「藤木《ふじき》くんのひきょうは**百《ひゃく》も承知《しょうち》**だけど、堂々《どうどう》といわれちゃ、**兜《かぶと》を脱《ぬ》ぐ**よ」

為《な》せば成《な》る、はまじは杉山《すぎやま》くんの強《つよ》いボールを1回《かい》だけ受《う》け止《と》めた。藤木《ふじき》は小杉《こすぎ》がよけてしまい、**当《あ》てが外《はず》れて矢《や》面《おもて》に立《た》つ**はめになった。

まる子《こ》は、チャイムが鳴《な》るまで**こまねずみのよう**に、よけ続《つづ》けたのである。

★答《こた》え…①愛敬《あいきょう》を振《ふ》りまく　②怒《いか》り心頭《しんとう》に発《はっ》する　③髪《かみ》を下《お》ろす　④口火《くちび》を切《き》る　⑤棚《たな》に上《あ》げる　⑥底《そこ》が割《わ》れる　⑦網《あみ》の目《め》をくぐる　⑧出《で》る杭《くい》は打《う》たれる

目《め》が利《き》く

意味《いみ》 人《ひと》や物《もの》の値打《ねう》ちを見分《みわ》ける力《ちから》がすぐれている。

解説《かいせつ》 目《め》の物《もの》を見《み》る力《ちから》を、価値《かち》を見分《みわ》ける力《ちから》に置《お》きかえた慣用句《かんようく》です。「利《き》く」はよい働《はたら》きをすることで、先《さき》をよく見通《みとお》すことができる場合《ばあい》は「目先《めさき》が利《き》く」といいます。また、目《め》の働《はたら》きをほめて「目《め》が高《たか》い」と表《あらわ》すこともあります。

使《つか》い方《かた》 わが家《や》には、先祖伝来《せんぞでんらい》の掛《か》け軸《じく》がある。どれくらい価値《かち》があるものなのか、目《め》が利《き》く人《ひと》に鑑定《かんてい》してもらおうと思《おも》っている。

お母《かあ》さんって 目《め》が利《き》くよね
うん うん
魚屋《さかなや》にて――
このサンマ 値段《ねだん》の わりには 上等《じょうとう》ね
おっ 奥《おく》さん なかなか 目《め》が利《き》くね
テレビを見《み》て
このアイドル ぜったい 売《う》れるわ
あの アイドル だって今《いま》や 売《う》れっ子《こ》だもんね
うん うん
それに まる子《こ》が こっそり お菓子《かし》食《た》べた のも すぐ わかるし
それは わたしも わかるわよ
目《め》が利《き》くとは別問題《べつもんだい》である――

もうひとつの「利《き》く」

慣用句《かんようく》の「目《め》が利《き》く」のもともとの意味《いみ》は、視力《しりょく》がよく細《こま》かい物《もの》も遠《とお》くの物《もの》もよく見《み》えるということです。「目《め》」のほかにもうひとつ利《き》くところがあります。「鼻《はな》」です。「**鼻《はな》が利《き》く**」――これは、においをかぎ分《わ》けられることです。

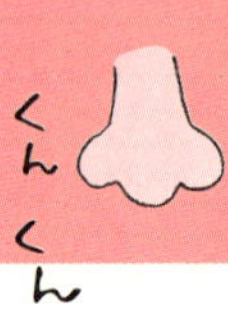
くん くん

うう…
おじいちゃん 目頭《めがしら》を熱《あつ》くして どうしたの？
テレビじゃよ
あっこれ知《し》ってる 悲《かな》しい姉妹《しまい》の話《はなし》だよね
そうじゃ このお姉《ねえ》さんがけなげなんじゃ
うう ほんとだね 目頭《めがしら》が熱《あつ》くなるよ
お姉《ねえ》ちゃーん
お姉《ねえ》ちゃーん
呼《よ》んだ？
…え
テレビにむかって目頭《めがしら》が熱《あつ》くなっている ふたりに声《こえ》をかけられない お姉《ねえ》ちゃんであった――

目頭《めがしら》が熱《あつ》くなる

うるうる

意味《いみ》 感動《かんどう》して、涙《なみだ》が出《で》そうになる。

解説《かいせつ》 「目頭《めがしら》」は、鼻《はな》に近《ちか》いほうの目《め》の端《はし》です。感動《かんどう》の涙《なみだ》が出《で》そうになって、この部分《ぶぶん》が熱《あつ》くなるという意《い》味《み》です。また、感動《かんどう》のあまり、うっすらと涙《なみだ》を浮《う》かべるときも、このことばを使《つか》います。感動《かんどう》している姿《すがた》を伝《つた》えるだけではなく、このことば自身《じしん》に感動《かんどう》がこもっているような慣用句《かんようく》です。

使《つか》い方《かた》 ついに、母校《ぼこう》のサッカー部《ぶ》が優勝《ゆうしょう》した。選手《せんしゅ》たちの万歳《ばんざい》する姿《すがた》を見《み》て、目頭《めがしら》が熱《あつ》くなった。

尾頭《おかしら》

体《からだ》で「頭《かしら》」のつく部分《ぶぶん》に膝《ひざ》があります。膝《ひざ》の前《まえ》にある「**膝頭《ひざがしら》**」です。では「**尾頭《おかしら》**」は、しっぽの頭《あたま》？　ちがいます。「尾頭《おかしら》」は尾《お》と頭《あたま》ということで、お祝《いわ》い用《よう》の料理《りょうり》で、しっぽと頭《あたま》のついたままの鯛《たい》を「**尾頭《おかしら》つき**」といいます。

祝

め

めっきがはげる

パラパラ

意味《いみ》
表面《ひょうめん》はりっぱに見《み》えていたけれど、外側《そとがわ》がはげて、たいしたことがない中身《なかみ》が現《あらわ》れる。

解説《かいせつ》
りっぱに見《み》せるために、表面《ひょうめん》に高級《こうきゅう》な金属《きんぞく》をかぶせておいたのに、そのめっきがはげて、ほんとうの姿《すがた》が見《み》えてしまうことを表《あらわ》しています。本性《ほんしょう》がばれてしまう場面《ばめん》で、よく使《つか》われることばです。

使《つか》い方《かた》
野球《やきゅう》は得意《とくい》だから交《ま》ぜてと、遊《あそ》びに入《はい》ってきた少年《しょうねん》は、なんでもないゴロをトンネルしてしまい、早《はや》くもめっきがはげてしまった。

まる子《こ》 テストのまちがい直《なお》しやったの？
バッチリだよ
へえ―― ほんとに？
うんうん 次《つぎ》 同《おな》じ問題《もんだい》が出《で》たら満点《まんてん》だね
じゃあ 1問目《もんめ》から いくわよ
……え
早《はや》くもめっきがはげるまる子《こ》であった――

めっき

昔《むかし》、仏像《ぶつぞう》の表面《ひょうめん》に美《うつく》しい合金《ごうきん》をかぶせることを「**滅金**《めっき》」と呼《よ》んでいました。今《いま》では「**鍍金**《ときん》」と書《か》いて「**鍍金**《めっき》」と読《よ》むようにしています。

めっきをする前《まえ》のもとの金属《きんぞく》は、地金《じがね》です。そこで「**めっきがはげる**」と同《おな》じ意味《いみ》で「**地金**《じがね》**が出**《で》**る**」「**地金**《じがね》**が現**《あらわ》**れる**」などと使《つか》われます。やはり、本性《ほんしょう》が出《で》てしまうのです。

めっきはいつかはげ落《お》ちます。めっきをするより、本体《ほんたい》を美《うつく》しくするほうが大事《だいじ》です。

ボロ

目処《めど》がつく

意味《いみ》 先《さき》の見通《みとお》しが、はっきりする。

解説《かいせつ》 [illegible]読《よ》み、「目処《めど》」[illegible]いう意味《いみ》です。[illegible]目指《めざ》すところです。「つく」は、わかる・できるようになることで、同《おな》じような意味《いみ》の「立《た》つ」を使《つか》って「目処《めど》が立《た》つ」ともいいます。目処《めど》がつくと、これから先《さき》、どうすればよいかがわかり、まずは一安心《ひとあんしん》です。

使《つか》い方《かた》 入院《にゅういん》していた先生《せんせい》の病気《びょうき》が快方《かいほう》に向《む》かっている。まずは、退院《たいいん》の目処《めど》がついて、ほっとしている。

処《ところ》——処《ど》

「**目処**《めど》」のように「**処**《ど》」として使《つか》われていることばに「**やけど**」があります。焼《や》け処《どころ》の「**焼け処**《やど》」に、熟語《じゅくご》の「**火傷**《かしょう》」を当《あ》てて、「**火傷**《やけど》」と読《よ》ませています。もうひとつ、止《と》める処《ところ》は「**止め処**《とど》」で、「**涙**《なみだ》**が止**《と》**め処**《ど》**なく流**《なが》**れる**」と使《つか》います。

フムフム

えーと20分間《ぶんかん》算数《さんすう》の勉強《べんきょう》して…
お昼《ひる》も残《のこ》さず食《た》べ
午後《ごご》はお母《かあ》さんの買《か》い物《もの》の荷物持《にもつも》ち
夕方《ゆうがた》はたまちゃんと遊《あそ》ぶ…か
まるちゃーん
これで今日《きょう》の目処《めど》がついたね
ずいぶん計画的《けいかくてき》じゃないなんのための目処《めど》がついたの?
これだけやっておけばギリギリお母《かあ》さんにおこられないだろうって目処《めど》だよ
…へえ

目星《めぼし》をつける

目星

意味《いみ》 だいたいのねらいをつける。

解説《かいせつ》 矢《や》を射《い》る的《まと》の、中心《ちゅうしん》にある黒《くろ》い点《てん》を「星《ほし》」といいます。そのねらう所《ところ》、目当《めあ》てとする所《ところ》が「目星《めぼし》」で、どこをねらえばよいか、考《かんが》えて決《き》めるのが「目《め》星《ぼし》をつける」です。また、おおよその見当《けんとう》がつく場合《ばあい》は、「目星《めぼし》がつく」といいます。

使い方《つかいかた》 口《くち》の周《まわ》りについたあんこから目星《めぼし》をつけると、ぼたもちを食《た》べたのは、まる子《こ》のようね。

目星《めぼし》をつけていたワンピースが売《う》れてしまってたのよ
えーっ残念《ざんねん》だね
いくら目星《めぼし》をつけていてもあれはS《エス》サイズだったから多分《たぶん》着《き》られなかったと思《おも》うよ
図星《ずぼし》である――

めりはりをつける

意味《いみ》 物事《ものごと》に、強《つよ》い弱《よわ》いなどの変化《へんか》をつける。

解説《かいせつ》 「めり」は、もとは「減《め》り」と書《か》かれていました。減《へ》ることで、ゆるめる意味《いみ》を表《あらわ》します。「はり」は「張《は》り」で、「めりはり」は、ゆるめることと引《ひ》っ張《ぱ》ることの力《ちから》かげんです。弱《よわ》い・強《つよ》い、遅《おそ》い・速《はや》いなどです。

使い方《つかいかた》 意見《いけん》を発表《はっぴょう》するときは、だらだらとしゃべらないで、めりはりをつけて話《はな》すといいですよ。

墓地《ぼち》を歩《ある》いていた子《こ》どもたちの先《さき》に青白《あおじろ》い光《ひかり》が見《み》えた…
子《こ》どもたちがその光《ひかり》のもとへ近《ちか》づくと…そこには…
顔《かお》のない人《ひと》がっっ
ギャー
めりはりをつけて怪談話《かいだんばなし》をするおばあちゃんであった

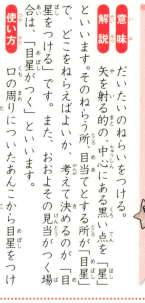

目《め》を皿《さら》のようにする

じー

意味《いみ》 よく見《み》ようとして、目《め》を大《おお》きく見開《みひら》く。

解説《かいせつ》 皿《さら》のように、目《め》を真《ま》ん丸《まる》にすることで、すべての神経《しんけい》を目《め》に集中《しゅうちゅう》するようすを表《あらわ》しています。よく見《み》えない物《もの》、細《こま》かい物《もの》を、じっくりと、はっきり見《み》ようとする場合《ばあい》に使《つか》うことばです。「目《め》を皿《さら》にする」ともいいます。

使《つか》い方《かた》 蟻《あり》の動《うご》きを、目《め》を皿《さら》のようにして観察《かんさつ》したら、いろいろなことがわかってきた。蟻《あり》は、大勢《おおぜい》で社会《しゃかい》生活《せいかつ》を営《いとな》んでいる生《い》き物《もの》だ。

丸《まる》と三角《さんかく》

「皿《さら》」を使《つか》わないで、そのまま**「目《め》を丸《まる》くする」**という言《い》い方《かた》もあります。おもに、びっくりしたときに使《つか》います。では、丸《まる》ではなく三角《さんかく》にしたらどうでしょう。**「目《め》を三角《さんかく》にする」**は、おこったときのこわい目《め》つきです。

じー
まる子《こ》目《め》を皿《さら》のようにして何《なに》見《み》てるの？
くも
悪趣味《あくしゅみ》ね
だって長山《ながやま》くんが教《おし》えてくれたんだもん
くもの目《め》は8つあるんだよ
ギャー
恐怖《きょうふ》におののくお姉《ねえ》ちゃんを尻目《しりめ》にさらに目《め》を皿《さら》のようにしてくもを観察《かんさつ》するまる子《こ》であった
じー

め

諸《もろ》刃《は》の剣《つるぎ》

意味《いみ》
使《つか》い方《かた》によって、役《やく》に立《た》つだけでなく、危険《きけん》ももたらすもの。

解説《かいせつ》
刀《かたな》の両側《りょうがわ》に刃《は》がついている剣《つるぎ》のことで、相手《あいて》を斬《き》るだけでなく、自分《じぶん》も傷《きず》つきやすいことを表《あらわ》している慣用句《かんようく》です。相手《あいて》に打撃《だげき》をあたえるだけでなく、自分《じぶん》も打撃《だげき》を受《う》けてしまうおそれがあるのです。「諸刃《もろは》」は「両刃《もろは》」とも書《か》き、また「両刃《りょうば》の剣《つるぎ》」ともいいます。

使《つか》い方《かた》
薬《くすり》は諸刃《もろは》の剣《つるぎ》だ。飲《の》み方《かた》をまちがえると、かえって毒《どく》になることがある。気《き》をつけよう。

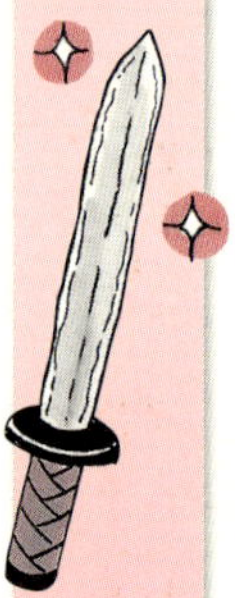

えーと これと これを 足《た》して
あと これを 足《た》して…
ふう 終《お》わったわ
やっぱり 電卓《でんたく》だと 速《はや》さが ちがうわね
…でも便利《べんり》な 電卓《でんたく》に頼《たよ》って ばかり いると 暗算《あんざん》 できなく なりそうね… 諸刃《もろは》の剣《つるぎ》だわ…

「両《もろ》」と「諸《もろ》」

「もろ」は「すべて」を表《あらわ》します。一対《いっつい》の場合《ばあい》のすべては両方《りょうほう》なので「**両《もろ》**」です。「ふたつ以上《いじょう》のすべて」は「**諸《もろ》**」を使《つか》います。ふたつの手《て》のことを、「**両手《もろて》・諸手《もろて》**」と書《か》きます。

そのため、両側《りょうがわ》に刃《は》のついた「**もろ刃《は》**」も「**両刃《もろは》・諸刃《もろは》**」のふたつの書《か》き方《かた》があるのです。

たくさんのすべての人《ひと》のことを「もろ人《びと》」といい、「諸人《もろびと》」と書《か》きます。そして、たくさんのすべてのものは「**諸々《もろもろ》**」です。「**両《もろ》**」と「**諸《もろ》**」は、重《かさ》なったりずれていたり――これがことばのおもしろいところです。

両
諸

矢面《やおもて》に立《た》つ

意味《いみ》
質問《しつもん》や非難《ひなん》を正面《しょうめん》から受《う》ける立《たち》場《ば》に立《た》つ。

解説《かいせつ》
戦《いくさ》の場《ば》で、敵《てき》の放《はな》つ矢《や》がびゅんびゅん飛《と》んでくる正面《しょうめん》に立《た》つ姿《すがた》を描《えが》いている慣用句《かんようく》です。味方《みかた》の中《なか》で、もっとも危険《きけん》な立場《たちば》に立《た》っているのです。危険《きけん》をものともせず、堂々《どうどう》と立《た》っているようにも見《み》えますが、「矢面《やおもて》に立《た》たされる」となると、とたんに気《き》の毒《どく》になります。

使《つか》い方《かた》
製品《せいひん》に欠陥《けっかん》が見《み》つかった会社《かいしゃ》の社長《しゃちょう》は、報道陣《ほうどうじん》からのきびしい追求《ついきゅう》の矢面《やおもて》に立《た》って苦労《くろう》している。

「面《おもて》」と「表《おもて》」

「**面**《おもて》」は顔《かお》のことです。人間《にんげん》の体《からだ》で、顔《かお》のあるほうは表《おもて》です。正面《しょうめん》です。このように「**面**《おもて》」と「**表**《おもて》」はもともと同《おな》じことばです。
家《いえ》の正面《しょうめん》には「**表門**《おもてもん》」があり、「**表玄関**《おもてげんかん》」へと続《つづ》きます。

面《おもて》

あしたから
1週間《しゅうかん》
放課後《ほうかご》に
校庭《こうてい》の草《くさ》むしりを
することになりました
なんでだよー
えー〜〜
やだーー
ブーブー
ブーー
これは
決《き》まった
ことなので
みなさん
協力《きょうりょく》して
やりましょう
なんだよそれー
ブーブー
矢面《やおもて》に立《た》ち
みんなから非難《ひなん》を
あびる……
ブーブー
そして
わたくしは成長《せいちょう》していく…
ズバリ計画通《けいかくどお》りでしょう!!

矢《や》の催促《さいそく》

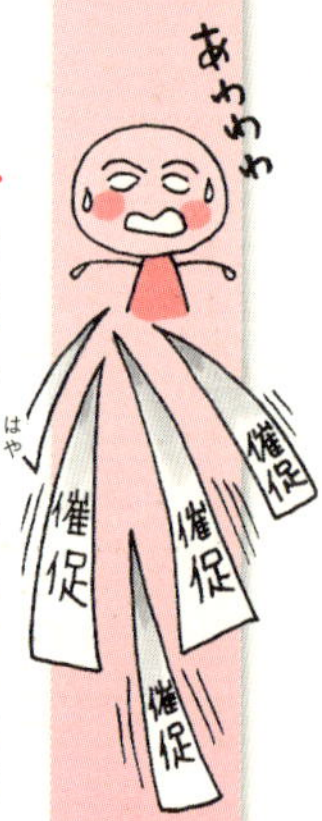
あわわわ
催促
催促
催促
催促

意味《いみ》 続《つづ》けざまの、はげしい催促《さいそく》。

解説《かいせつ》 まるで、次々《つぎつぎ》と続《つづ》けて矢《や》を射《い》るように、早《はや》く早《はや》くと、ひっきりなしに続《つづ》く催促《さいそく》を表《あらわ》している慣用句《かんようく》です。「催《さい》」はうながすことで、同《おな》じ意味《いみ》の「促《うなが》す」といっしょになって、早《はや》くするようにせきたてるのが「催促《さいそく》」です。何《なに》か言《い》い訳《わけ》をしようとしてもできないほどで、息《いき》がつまりそうです。

使《つか》い方《かた》 図書館《としょかん》の本《ほん》の貸《か》し出《だ》し期限《きげん》が過《す》ぎたら、早《はや》く返《かえ》してと矢《や》の催促《さいそく》。あしたは必《かなら》ず返《かえ》しに行《い》こう。

矢継《やつ》ぎ早《ばや》

矢《や》は、たいへんな速《はや》さで飛《と》びます。その矢《や》を次《つぎ》から次《つぎ》へ、手早《てばや》く切《き》れ目《め》なく射《い》ることを「**矢継《やつ》ぎ早《ばや》**」といいます。そこから、短《みじか》い間隔《かんかく》で次《つぎ》から次《つぎ》へと何《なに》かをすることを、「矢継《やつ》ぎ早《ばや》」といいます。

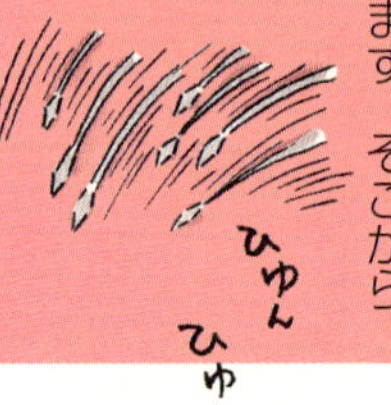
ひゅん
ひゅん

まる子《こ》 前《まえ》に貸《か》した 辞書《じしょ》 返《かえ》してよ
学校《がっこう》に 置《お》いて あるから ムリ
じゃあ あした まる子《こ》の クラスに 取《と》りに行《い》く から
え!!
いや… そういえば 友《とも》だちに 貸《か》したまま だった…かな
あした 使《つか》うんだから 今《いま》から 取《と》りに行《い》って
え……と…
早《はや》く 行《い》って
お姉《ねえ》ちゃんの矢《や》の催促《さいそく》に なくしたとはいえない まる子《こ》であった——

世《よ》の習《なら》い

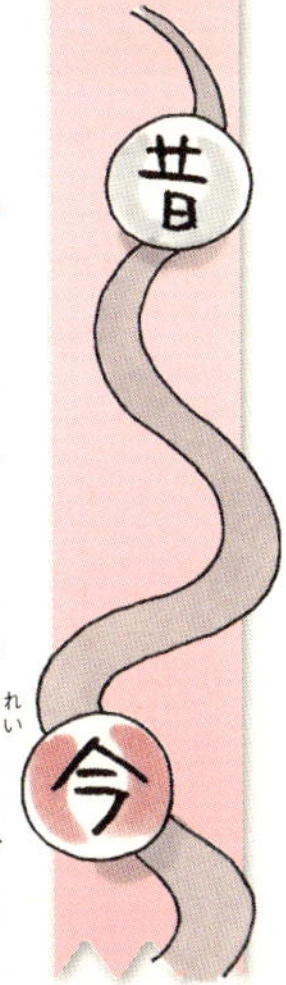

昔
今

意味《いみ》 世間《せけん》で当《あ》たり前《まえ》のこととして、くり返《かえ》されて来《き》たこと。

解説《かいせつ》 「世《よ》」は世《よ》の中《なか》・世間《せけん》です。「習《なら》い」は、別《べつ》のことばでいえば、習《なら》わし・しきたりです。そして「世《よ》の習《なら》い」は「世《よ》の常《つね》」といいかえることもできます。例《れい》をあげると、「会《あ》うは別《わか》れの始《はじ》め」――会《あ》った人《ひと》とは、必《かなら》ず別《わか》れなければならないのです。世《よ》の常《つね》、世《よ》の習《なら》いです。

使《つか》い方《かた》 「会《あ》うは別《わか》れの始《はじ》め」という世《よ》の習《なら》いどおり、クラスの友《とも》だちとも、いずれお別《わか》れが来《く》るんだろうね。

栄枯盛衰《えいこせいすい》

栄《さか》えるものは必《かなら》ず枯《か》れ、盛《さか》んなものは必《かなら》ず衰《おとろ》える――このことを「**栄枯盛衰《えいこせいすい》は世《よ》の習《なら》い**」といいます。何《なに》かさびしさを感《かん》じさせますが、しかたありません。これが真実《しんじつ》なのですから、しっかり受《う》け止《と》めましょう。

そうじゃ

散歩《さんぽ》する まる子《こ》と友蔵《ともぞう》
まる子《こ》や いつも散歩《さんぽ》に つきあってくれて ありがとよ
孫《まご》が おじいちゃんを 大切《たいせつ》に 思《おも》うのは 世《よ》の習《なら》い だよ
まる子《こ》や…
おじいちゃん あれ…
おっ だんごか…
おいしいね
そう じゃの
かわいい孫《まご》のために だんごを買《か》って食《た》べるのも 世《よ》の習《なら》いである――

呼《よ》び声《ごえ》が高《たか》い

ワーワーワー

意味《いみ》

もっとも有力《ゆうりょく》だと、たくさんの人《ひと》にうわさされる。

解説《かいせつ》

だれが選《えら》ばれるとか、適《てき》しているとか、成功《せいこう》するとか、話題《わだい》になっている中《なか》で、もっぱらこの人《ひと》だと、多《おお》くの人《ひと》から名前《なまえ》をあげられるのが「呼《よ》び声《ごえ》が高《たか》い」です。人《ひと》でなくても、動物《どうぶつ》・物《もの》・場所《ばしょ》など、いろいろなことがらで使《つか》われます。

使《つか》い方《かた》

今度《こんど》のサッカー大会《たいかい》で、うちのクラスは優勝《ゆうしょう》の呼《よ》び声《ごえ》が高《たか》い。なにしろ、ケン太《た》くんと大野《おおの》くんと杉山《すぎやま》くんがいるからね。

お金持《かねも》ちで
おしゃれで
かっこいいと
呼《よ》び声《ごえ》が高《たか》い
花輪《はなわ》クン
キャーキャー
スポーツ万能《ばんのう》で
男気《おとこぎ》があると
呼《よ》び声《ごえ》が
高《たか》い
大野《おおの》くんと
杉山《すぎやま》くん
大野くん
杉山くーん
頭《あたま》がよくて
心《こころ》やさしいと
呼《よ》び声《ごえ》が高《たか》い
長山《ながやま》くん
ワーすごーい
はい100てんがんばりましたね
テスト
100
1日《にち》でもいいから
そんな4人《にん》のうちの
ひとりと代《か》わって
みたいと
思《おも》っている
永沢《ながさわ》くんで
あった

高《たか》い

「**呼《よ》び声《ごえ》が高《たか》い**」の「高《たか》い」は、量《りょう》や数《かず》の程度《ていど》が上《うえ》のほうという意味《いみ》です。誰《だれ》かからりっぱだとほめられているのは「**評価《ひょうか》が高《たか》い**」で、多《おお》くの人《ひと》の評判《ひょうばん》になっているのは「**評判《ひょうばん》が高《たか》い**」です。どれもよい「**高《たか》い**」です。

呼び声

埒《らち》が明《あ》かない

意味《いみ》 物事《ものごと》がはかどらないで、いつまでも決《き》まりがつかない。

解説《かいせつ》 「埒《らち》」は、馬《うま》の練習場《れんしゅうじょう》の周《まわ》りにめぐらした柵《さく》です。内《うち》と外《そと》との境《さかい》になる所《ところ》なので、物事《ものごと》の区切《くぎ》りの意《い》味《み》を表《あらわ》します。「明《あ》かない」は、はっきりしないことです。そこで、決《き》まりのつかないようすを、「埒《らち》が明《あ》かない」といいます。

使《つか》い方《かた》 男子生徒《だんしせいと》と遊《あそ》び場《ば》の取《と》り合《あ》いで言《い》い争《あらそ》いになったが、埒《らち》が明《あ》かないので、先生《せんせい》に決《き》めてもらうことになった。

埒《らち》が明《あ》かねえな

みんな今夜《こんや》は何《なに》が食《た》べたい？
まる子《こ》ハンバーグ
わたしナポリタン
オレは刺身《さしみ》だ
わたしは煮物《にもの》かね
わしはやわらかいもので…
やだ！ハンバーグ
イヤ刺身だ
ナポリタンがいい
やわらかいもの…
埒《らち》が明《あ》かないのでラーメンにするわ
有無《うむ》をいわせぬ母《はは》の決定《けってい》であった――
え

埒《らち》もない

埒《らち》がなくなると、区切《くぎ》りがなくなるので、だらしない状態《じょうたい》になります。このことを「**埒《らち》もない**」といいます。「わけがわからない」「めちゃくちゃだ」「くだらない」などの意《い》味《み》で使《つか》います。「埒《らち》」は大事《だいじ》です。

めちゃくちゃだじょー

ら

溜飲《りゅういん》を下《さ》げる

はあ
せいせいした

意味《いみ》 不平《ふへい》や不満《ふまん》が消《き》えて、せいせいする。

解説《かいせつ》 「溜飲《りゅういん》」は、食《た》べたり飲《の》んだりしたものが、よく消化《しょうか》しないで溜《た》まっているとき、胃《い》から出《で》るすっぱい液《えき》です。不平不満《ふへいふまん》やうらみなどのたとえで、これが下《した》に行《い》って解消《かいしょう》されるのが「溜飲《りゅういん》を下《さ》げる」です。「溜飲《りゅういん》が下《さ》がる」「溜飲《りゅういん》が下《お》りる」という使《つか》い方《かた》もあります。

使《つか》い方《かた》 あの野球《やきゅう》チームには、去年《きょねん》負《ま》けたが、今年《ことし》は大勝《たいしょう》して、溜飲《りゅういん》を下《さ》げることができた。

「胸《むね》のつかえが下《お》りる」

体《からだ》のどこかに何《なに》かがつかえている感《かん》じは、いやなものです。「**胸《むね》につかえる**」もそのひとつで、心配《しんぱい》や不安《ふあん》をかかえている状態《じょうたい》です。そのいやなものがなくなると「**胸《むね》のつかえが下《お》りる**」となります。すっきりします。

ホッ

ここはオレたちの陣地《じんち》だ!!
おまえらはよそで遊《あそ》べよ!!
6年生
なんでぼくらがどかなきゃならないんだい
最初《さいしょ》に遊《あそ》んでいたのはぼくたちなのに
6年生《ねんせい》にはさからえないブー
これでみんなで遊《あそ》んだらどうだい?
花輪《はなわ》クンのおかげで溜飲《りゅういん》を下《さ》げるみんなであった——
ゴール
オー
スゴイ

類《るい》を見《み》ない

意味《いみ》 似《に》たものがない。

解説《かいせつ》 「類《るい》」は、同《おな》じようなもの、似《に》ているものです。「類《るい》を見《み》ない」は、同《おな》じようなもの、似《に》ているものがない、比《くら》べるものがまったくないということです。ここの「見《み》ない」は、だれも見《み》たことがないという意味《いみ》で「類《るい》がない」という言《い》い方《かた》もあります。

類《るい》を見《み》ない大《おお》きさだね

使《つか》い方《かた》 類《るい》を見《み》ない不思議《ふしぎ》な事件《じけん》に、多《た》数《すう》の警察官《けいさつかん》が、長《なが》い年月《ねんげつ》をかけて調《しら》べているが、いまだにその解明《かいめい》の糸口《いとぐち》さえ見《み》えていない。

「類《るい》は友《とも》を呼《よ》ぶ」

その人《ひと》がどんな人《ひと》かは、友《とも》だちを見《み》ればわかります。昔《むかし》から、「**類《るい》は友《とも》を呼《よ》ぶ**」というからです。性格《せいかく》や考《かんが》え方《かた》の似《に》ている者《もの》同士《どうし》は、自然《しぜん》に集《あつ》まって仲間《なかま》を作《つく》るからです。「**類《るい》を以《もっ》て集《あつ》まる**」ともいいます。

この造形《ぞうけい》はまったく類《るい》を見《み》ない作品《さくひん》といえます
はばたく未来《みらい》をイメージしたものだそうです
よくわからねえな
はばたく未来《みらい》ってもっとこーーやって
あっ
せんべい
はばたけない未来《みらい》だな…これならわかる
類《るい》を見《み》ないおっちょこちょいである

る

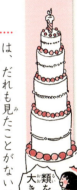

脇《わき》目《め》も振《ふ》らず

意味《いみ》
ひとつのことに、いっしょうけんめいになる。

解説《かいせつ》
もともと「脇《わき》」は、胸《むね》の両側《りょうがわ》で肩《かた》の下《した》の部分《ぶぶん》を指《さ》していましたが、今《いま》では広《ひろ》く、いろいろなものの横《よこ》を指《さ》して「脇《わき》」と使《つか》うようになりました。「脇目《わきめ》も振《ふ》らず」は、ほかのものに気《き》を取《と》られることもなく、横《よこ》を向《む》かないで、まっすぐに先《さき》を見《み》ているようすです。四《よ》字《じ》熟《じゅく》語《ご》で表《あらわ》すと「一心不乱《いっしんふらん》」です。

使い方《つかいかた》
志望校《しぼうこう》を目指《めざ》して、彼《かれ》は脇目《わきめ》も振《ふ》らず勉強《べんきょう》を続《つづ》けている。

「脇《わき》」のことば

横《よこ》の意味《いみ》の「脇《わき》」のつくことばは、たくさんあります。おなかの横《よこ》は「**脇腹**《わきばら》」です。本道《ほんどう》から分《わ》かれているのは「**脇道**《わきみち》」で、演劇《えんげき》などで主役《しゅやく》を助《たす》ける人《ひと》は「**脇役**《わきやく》」です。そして、してはいけないのは「**脇見**《わきみ》」運転《うんてん》です。

脇腹《わきばら》

あれ 小杉《こすぎ》だ
脇《わき》目《め》も振《ふ》らずに走《はし》ってるよ
どうしたんだろ?
ダイエットでも始《はじ》めたのかな?
小杉《こすぎ》ーーがんばれ〜〜〜〜!!
おう
運動《うんどう》すればいつもの2倍《ばい》は食《た》べられることに気《き》づいたんだすごい発見《はっけん》だろ

我《われ》に返《かえ》る

ハッ

意味《いみ》 正気《しょうき》にもどる。

解説《かいせつ》 この「我《われ》」は、もともとの、いつもの自《じ》分《ぶん》です。気《き》を失《うしな》っていた人《ひと》が意識《いしき》をとりもどす意味《いみ》ですが、もっぱら、何《なに》かに気《き》をとられていた人《ひと》が、はっと、もとの状態《じょうたい》にもどるようすに、多《おお》く使《つか》われる慣用句《かんようく》です。

使い方《つかいかた》 授業中《じゅぎょうちゅう》、眠《ねむ》ってしまった。みんなの笑《わら》い声《ごえ》に、はっと我《われ》に返《かえ》ると、もう授業《じゅぎょう》は終《お》わっていた。

うつら
お客さん お客さん
ハッ
ここは どこじゃ
居《い》眠《ねむ》りし 我《われ》に返《かえ》れば ここは終点《しゅうてん》
友蔵《ともぞう》 心《こころ》の俳句《はいく》

我《われ》を忘《わす》れる

ヒデキー

意味《いみ》 ある物事《ものごと》に心《こころ》をうばわれ、夢中《むちゅう》になる。

解説《かいせつ》 ここの「我《われ》」も、上段《じょうだん》の「我《われ》」と同《おな》じで、もともとの、いつもの自分《じぶん》です。自分《じぶん》がだれなのか、今《いま》どこにいるのかも、わからなくなるほど、何《なに》かに熱中《ねっちゅう》しているようすを表《あらわ》す慣用句《かんようく》です。その状態《じょうたい》から、はっと目《め》ざめると「我《われ》に返《かえ》る」になります。

使い方《つかいかた》 突然《とつぜん》、目《め》の前《まえ》に現《あらわ》れた、あまりにも美《うつく》しい景色《けしき》に、しばらく我《われ》を忘《わす》れて立《た》ちつくした。

いつも冷静《れいせい》な
お姉《ねえ》ちゃんだけど
テレビに ヒデキが 出《で》てきたときには
我《われ》を忘《わす》れる——
キャー
ヒデキー
キャ〜〜

わ

前巻《ぜんかん》『慣用句教室《かんようくきょうしつ》』の慣用句《かんようく》

このシリーズの前作《ぜんさく》『ちびまる子《こ》ちゃんの慣用句教室《かんようくきょうしつ》』に載《の》っている慣用句《かんようく》です。2冊《さつ》に載《の》っている慣用句《かんようく》を全部《ぜんぶ》おぼえたら、あなたはりっぱな慣用句博士《かんようくはかせ》!!

あ

相《あい》づちを打《う》つ
揚《あ》げ足《あし》をとる
あごを出《だ》す
朝飯前《あさめしまえ》
足《あし》が地《ち》につかない
足《あし》が出《で》る
足《あし》が棒《ぼう》になる

味《あじ》もそっけもない
足《あし》を洗《あら》う
味《あじ》をしめる
足《あし》を引《ひ》っぱる
頭《あたま》が上《あ》がらない
後《あと》の祭《まつ》り
穴《あな》の開《あ》くほど
油《あぶら》を売《う》る
あわを食《く》う

息《いき》を殺《ころ》す
息《いき》をのむ
いたちごっこ
板《いた》につく
一《いち》か八《ばち》か
一目《いちもく》置《お》く
一糸《いっし》乱《みだ》れず
一杯《いっぱい》食《く》わす
いもを洗《あら》うよう

浮《う》き足立《あしだ》つ
雨後《うご》の筍《たけのこ》
後《うし》ろ髪《がみ》を引《ひ》かれる
後《うし》ろ指《ゆび》をさされる
うだつが上《あ》がらない
腕《うで》が鳴《な》る
腕《うで》におぼえがある
腕《うで》によりをかける
腕《うで》を上《あ》げる

鰻《うなぎ》のぼり
馬《うま》が合《あ》う
うりふたつ
上《うわ》の空《そら》
大目玉《おおめだま》を食《く》う
奥歯《おくば》に物《もの》がはさまる
鬼《おに》の首《くび》をとったよう
尾《お》ひれをつける
親《おや》のすねをかじる

か

顔《かお》が広《ひろ》い
顔《かお》から火《ひ》が出《で》る
顔《かお》に泥《どろ》をぬる
顔《かお》を立《た》てる
かたずをのむ
肩《かた》で風《かぜ》を切《き》る
肩《かた》の荷《に》がおりる

肩身《かたみ》がせまい
肩《かた》を並《なら》べる
肩《かた》を持《も》つ
かぶとをぬぐ
借《か》りてきた猫《ねこ》
気《き》が置《お》けない
気《き》が気《き》でない
狐《きつね》につままれる
気《き》に病《や》む
肝《きも》をつぶす
釘《くぎ》をさす
草《くさ》の根《ね》を分《わ》けてさがす
口《くち》が軽《かる》い
口《くち》がすっぱくなる
口《くち》が減《へ》らない
口車《くちぐるま》に乗《の》る
くちばしを入《い》れる
口火《くちび》を切《き》る

口《くち》をすべらす
首《くび》が回《まわ》らない
首《くび》を長《なが》くする
くもの子《こ》を散《ち》らす
雲《くも》をつかむ
煙《けむ》に巻《ま》く
けりがつく
けんもほろろ
黒白《こくびゃく》を争《あらそ》う
心《こころ》を鬼《おに》にする
心《こころ》をくだく
腰《こし》が低《ひく》い
腰《こし》を折《お》る
ごまをする

さ

さじを投《な》げる
さばを読《よ》む

舌《した》つづみを打《う》つ
舌《した》を巻《ま》く
しっぽを出《だ》す
しっぽを巻《ま》く
しのぎをけずる
白羽《しらは》の矢《や》が立《た》つ
しらを切《き》る
尻馬《しりうま》に乗《の》る
尻《しり》に火《ひ》がつく
すずめの涙《なみだ》
図《ず》に乗《の》る
すみに置《お》けない

た

太鼓判《たいこばん》を押《お》す
台無《だいな》しにする
高嶺《たかね》の花《はな》
高《たか》をくくる
竹《たけ》を割《わ》ったよう
立《た》て板《いた》に水《みず》
棚《たな》に上《あ》げる
玉《たま》にきず
血《ち》も涙《なみだ》もない
手塩《てしお》にかける
手《て》に余《あま》る
手《て》の裏《うら》を返《かえ》す
手《て》をこまねく
手《て》を抜《ぬ》く
手《て》を焼《や》く
峠《とうげ》を越《こ》す
とどのつまり
途方《とほう》に暮《く》れる

な

長《なが》い目《め》で見《み》る
梨《なし》のつぶて
涙《なみだ》をのむ
二《に》の足《あし》を踏《ふ》む
二《に》の句《く》がつげない
猫《ねこ》の手《て》も借《か》りたい
猫《ねこ》をかぶる
寝耳《ねみみ》に水《みず》
根《ね》も葉《は》もない
音《ね》をあげる
のどから手《て》が出《で》る

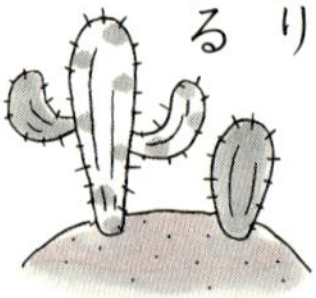

は

歯《は》が立《た》たない
鼻《はな》が高《たか》い
話《はなし》に花《はな》が咲《さ》く
鼻《はな》にかける
鼻《はな》につく
鼻《はな》をあかす
羽《はね》をのばす
腹《はら》が黒《くろ》い
腹《はら》がすわる
はらわたが煮《に》えくりかえる
腹《はら》をくくる

腹《はら》をさぐる
ひざを打《う》つ
ひざを交《まじ》える
火《ひ》の消《き》えたよう
百《ひゃく》も承知《しょうち》
ピンからキリまで
ふいになる
不意《ふい》をつく
袋《ふくろ》のねずみ
腑《ふ》に落《お》ちない
へそを曲《ま》げる
棒《ぼう》に振《ふ》る
ほおが落《お》ちる
ほぞをかむ
骨《ほね》が折《お》れる

ま

まくらを高《たか》くする

眉《まゆ》につばをつける
眉《まゆ》をひそめる
水《みず》入《い》らず
水《みず》に流《なが》す
水《みず》の泡《あわ》になる
水《みず》を打《う》ったよう
耳《みみ》が痛《いた》い
耳《みみ》が早《はや》い
耳《みみ》にたこができる
耳《みみ》を貸《か》す
耳《みみ》をそろえる
身《み》もふたもない
身《み》を粉《こ》にする
虫《むし》がいい
虫《むし》が知《し》らせる
虫《むし》が好《す》かない
虫《むし》の居所《いどころ》が悪《わる》い
胸《むね》を張《は》る

目《め》が肥《こ》える
目《め》からうろこが落《お》ちる
目《め》くじらを立《た》てる
目《め》と鼻《はな》の先《さき》
目《め》に余《あま》る
目《め》にもの見《み》せる
目《め》の色《いろ》を変《か》える
目《め》のかたきにする
目《め》鼻《はな》がつく
目《め》をかける
目《め》を三角《さんかく》にする
目《め》を白黒《しろくろ》させる
目《め》を丸《まる》くする

や

やぶから棒《ぼう》
山《やま》をかける
指《ゆび》をくわえる

わ

わらにもすがる
輪《わ》をかける

小学生《しょうがくせい》からのまんが勉強本《べんきょうぼん》 満点《まんてん》ゲットシリーズ

ちびまる子《こ》ちゃんの

ことわざ教室《きょうしつ》
コラムことわざ新聞《しんぶん》入り

続《ぞく》ことわざ教室《きょうしつ》
いろはカルタ まんが入《い》り

四字熟語教室《よじじゅくごきょうしつ》
コラム四字熟語《よじじゅくご》新聞《しんぶん》入り

続《ぞく》四字熟語教室《よじじゅくごきょうしつ》
さらに四字熟語《よじじゅくご》に くわしくなれる

慣用句教室《かんようくきょうしつ》
コラム慣用句《かんようく》新聞《しんぶん》入り

続《ぞく》慣用句教室《かんようくきょうしつ》
もっと慣用句《かんようく》に くわしくなれる

暗誦百人一首《あんしょうひゃくにんいっしゅ》
コラム暗誦新聞《あんしょうしんぶん》入り

似《に》たもの漢字使《かんじつか》い分《わ》け教室《きょうしつ》
同音異義語《どうおんいぎご》、反対語《はんたいご》、類語《るいご》など

読《よ》めるとたのしい難読漢字教室《なんどくかんじきょうしつ》
難《むずか》しい読《よ》み方《かた》や 特別《とくべつ》な読《よ》み方《かた》の漢字《かんじ》

俳句教室《はいくきょうしつ》
俳人《はいじん》の 伝記《でんき》まんが入《い》り

語源教室《ごげんきょうしつ》
語源《ごげん》たんけん ニュース入《い》り

敬語教室《けいごきょうしつ》
コラム敬語新聞《けいごしんぶん》 入《い》り

作文教室《さくぶんきょうしつ》
中学入試《ちゅうがくにゅうし》にも対応《たいおう》

かん字《じ》じてん①
一《いち》、二年生向《にねんせいむ》き

漢字辞典《かんじじてん》②
二《に》～四年生向《よねんせいむ》き

漢字辞典《かんじじてん》③
五《ご》、六年生向《ろくねんせいむ》き

短歌教室《たんかきょうしつ》
短歌《たんか》100首《しゅ》を解説《かいせつ》

古典教室《こてんきょうしつ》
まんがで読《よ》む 古典作品《こてんさくひん》

表現力《ひょうげんりょく》をつけることば教室《きょうしつ》
長文読解《ちょうぶんどっかい》、記述《きじゅつ》問題《もんだい》の対策《たいさく》にも

英語教室《えいごきょうしつ》 CD《シーディー》付《つ》き
会話《かいわ》や歌《うた》で英語《えいご》に親《した》しもう

小学生英語《しょうがくせいえいご》 CD《シーディー》付《つ》き
授業《じゅぎょう》にも役立《やくだ》つ英語入門《えいごにゅうもん》

春夏秋冬教室《しゅんかしゅうとうきょうしつ》
季節《きせつ》のことばと 行事《ぎょうじ》を楽《たの》しむ

文法教室《ぶんぽうきょうしつ》
文《ぶん》の基本《きほん》を まんがで読《よ》む

なぞなぞようちえん
おやくだちべんきょう ページ入《い》り

なぞなぞ1年生《ねんせい》
けんきゅう はっぴょう入《い》り

なぞなぞ2年生《ねんせい》
まるちゃんの なんでもノート入《い》り

なぞなぞ3年生《ねんせい》
まる子新聞《こしんぶん》 ふろく入《い》り

まちがいさがし
よく見《み》てくらべて 集中力《しゅうちゅうりょく》アップ

めいろあそび
考《かんが》える力《ちから》が しぜんに身《み》につく

手作《てづく》り教室《きょうしつ》
はじめてのお料理《りょうり》、おかし 作《づく》り、工作《こうさく》、手芸《しゅげい》など

ことわざかるた
わかりやすい かいせつブック入《い》り

四字熟語《よじじゅくご》かるた
あそびながら 四字熟語《よじじゅくご》がまなべる

ホームページ「エスキッズランド」も見てね!
アドレスは http://kids.shueisha.co.jp/

店頭《てんとう》にない場合《ばあい》は、書店《しょてん》にお申《もう》し込《こ》みください。

満点ゲットシリーズ

ちびまる子ちゃんの 続慣用句教室

2015年2月28日　第1刷発行

●キャラクター原作／さくらももこ
●著者／川嶋 優
●ちびまる子ちゃんまんが・カット／相川 晴
●カバー・表紙・総扉イラスト／小泉晃子
●編集協力／ビークラフト（島田正敏）
●カバー・表紙デザイン／ZOO（稲永明日香）
●本文・カバー裏デザイン／I.C.E
●写植・製版／昭和ブライト写植部

発行人　鈴木晴彦
発行所　株式会社　集英社
〒101-8050　東京都千代田区一ツ橋2丁目5番地10号
電話　【編集部】03-3230-6024
【読者係】03-3230-6080
【販売部】03-3230-6393（書店専用）

印刷・製本所　大日本印刷株式会社

ISBN 978-4-08-314063-1 C8381